金融工程　我的诗歌和远方（摘录）

有人问我：你的专业是经济学，是金融数学，是金融工程学，在常人看来，这些东西是科学，是逻辑思维，而不是形象思维，你是怎样把这两种完全不同的东西结合到一块去的呢？你不觉得矛盾吗？

我说：我觉得并不矛盾。诗歌需要的是激情和想象，而科学一样需要研究者的激情与想象。科学思维的成果，不仅取决于人们在自己专业领域的智力因素，而且取决于专业之外的非智力因素，即意志、毅力、情感等。而这些东西需要人们去培养自己的人文素质。中国有一句老话，叫做"诗的功夫在诗外"，而我们专业也是这样的，叫做"专业的功夫在专业之外"。

还有，从我们全面的工程专业技术层面来讲，就是要像小孩搭积木一样，将一块块的积木，像用树叶和花朵编织花环一样，搭建成各种各样"建筑"来，我们将这种方法称之为"积木构件法"。

我们的诗歌何尝又不是如此呢？我们的脑海中储存着各种各样的文字、词组和意象，我们在心血来潮想写诗的时候，不就是像"积木构件法"一样，将它们排列组合成一个又一个的诗句，并且形成一节又一节的诗章吗？其实道理都是一样的。

就我的人生感悟而言，个人如果有了诗歌的激情和想象，做起自己的专业来，懒惰的时间要少好多，而且思维也有可能要开阔好多。因为人们在生活和工作的道路上，很多时候是被自己的懒惰和狭隘自负误了，而并不是被自己的不聪明或不专业所阻碍。

由此可见，我的金融工程和我的诗歌并不矛盾。而且甚至可以相得益彰……

我的金融工程就是我的诗歌，也是我的远方。……

写到这里，我又想起了我们伟大诗人屈原的诗句："路漫漫其修远兮，吾将上下而求索。"这不就是诗歌和远方结合的典范吗？……

金融工程，特别是宏观金融工程，特别是宏观金融工程中的县域金融工程和市域发展的金融工程就是我的专业，也是我的梦想。我的梦想，就是我的个人梦，也是我的中国梦、全球梦。我愿和大家一起，捧起我们的"诗歌"，举起我们的"火把"，奔向我们的"远方"，向前向前……

叶永刚
2017年12月11日
于吉林松原

创造套利

——中国市域金融工程笔记

CHUANGZAO TAOLI

ZHONGGUO SHIYU JINRONG GONGCHENG BIJI

叶永刚◎著

人民东方出版传媒

東方出版社

图书在版编目（CIP）数据

创造套利：中国市域金融工程笔记 / 叶永刚著. —北京：东方出版社，2019.8
ISBN 978-7-5207-1114-2

Ⅰ.①创… Ⅱ.①叶… Ⅲ.①地方金融事业—研究—中国 Ⅳ.① F832.7

中国版本图书馆 CIP 数据核字（2019）第 158274 号

创造套利——中国市域金融工程笔记
（CHUANGZAO TAOLI——ZHONGGUO SHIYU JINRONG GONGCHENG BIJI）

作　　者：叶永刚
责任编辑：刘诗灏
出　　版：东方出版社
发　　行：人民东方出版传媒有限公司
地　　址：北京市朝阳区西坝河北里 51 号楼
邮政编码：100028
印　　刷：环球东方（北京）印务有限公司
版　　次：2019 年 8 月第 1 版
印　　次：2019 年 8 月北京第 1 次印刷
开　　本：710 毫米 ×1000 毫米 1/16
印　　张：14.75
字　　数：210 千字
书　　号：ISBN 978-7-5207-1114-2
定　　价：78.00 元
发行电话：（010）85924663 85924644 85924641

自　序

在举家欢腾的 2018 年春节，我一个人静伏在武汉大学的校园宿舍，可爱的珞珈山水之间，完成了《中国市域金融工程笔记》的初稿。该为这本书取一个主书名了，叫什么呢？

我想起了珞珈山外的大别山。

2017 年 3 月 7 日，吉林省松原市原市长高材林带着全市主要部门的负责人到湖北省黄冈市交流和学习大别山金融工程的做法和成效。黄冈市人民政府原副市长刘仁举同志代表市委市政府热情地接待了他们，并且在座谈会上诚恳地向来自东北的朋友们作了一场大别山金融工程实施情况的报告。在报告中，有这样一段话：

实施大别山金融工程，开创了黄冈经济金融史上五个前所未有。

一是信贷增速连续三年高居全省市州第一前所未有。实施大别山金融工程之前的 2013 年，黄冈市贷款全年增至 100.4 亿元，贷存比为 30%。2014 年至 2016 年，在经济下行压力加大的形势下，黄冈市三年贷款净增共计 506.38 亿元，平均净增约 169 亿元，年均增幅高达 20%，连续三年位居全省前列。贷存比达到 43.4%，较 2013 年年末提高了 5.4 个百分点。

二是金融机构批量进驻黄冈的密度和普惠金融覆盖广度前所未有。三年间全市新设 6 家分行以及 9 家农商所、9 家村镇银行；新设 10 家保险机构、6家证券机构。截至2016年年底，全市银行业机构达31家，网点655个，银行业机构数和网点数均由全省市州末位上升至第三位（仅次于武汉和宜昌）。在全省率先实施社区和行政村金融服务全覆盖。全市保险机构达41家、证券机构达8家；保险深度达4.1%，保险密度达986元/人。

三是资产证券化速度之快和挂牌企业数量之多前所未有。全市企业上市实现大跨越，截至2016年年底，全市挂牌企业共375家，其中新三板挂牌18家，四板挂牌357家。挂牌企业总数和新三板企业均仅次于武汉市，新增数均居全省各市州第一。率先在全国中小企业股份转让系统即新三板建立了第一个地方级专板——“大别山·黄冈板块”；黄冈率先在全省开辟海外上市融资通道，构建企业国内外上市两个渠道。直接融资突飞猛进，2016年直接融资达到67.6亿元，比重提高到24.4%，跃居全省前列。

四是金融主业发展和金融增加值增加之快前所未有。三年来，金融在向民生“输血”、为产业“造血”，助推黄冈振兴崛起的同时，金融业自身实现了快速发展。2016年全市金融业增值90.1亿元，是2013年的1.7倍，金融业增加值占GDP比例为5.2%，比2013年提高近2个百分点。

五是金融生态水平和信用评价提升之快前所未有。在经济持续下行、各地不良贷款普遍双升的情况下，黄冈市不良贷款率稳中有降，2016年年末不良贷款率比2013年年末下降1.04个百分点。2015年、2016年，黄冈市及所辖10个县（市、区）均获得省政府“金融信用市州县”称号，连续两年实现“满堂红”，全市信用社区和信用乡镇占比分别达到92.76%和97.62%……

高材林市长和刘仁举副市长的交流还在我的耳畔回响着……

我的脑海中忽然蹦出了一个想法，能不能将这本书名叫作《创造套利——中国市域金融工程笔记》呢？

我们在中国大地进行的这些县域金融和市域金融工程的示范和推进，

不就是要向大家讲清楚这个道理吗？

金融为什么能够创造前所未有的事情呢？

从哲学层面来看，这是一个“有”和“无”的关系问题。金融工程不就是要解决这个问题吗？不就是要“无中生有”吗？解决了“无中生有”的问题就解决了“前所未有”的问题。

“有”和“无”是一对矛盾，它们贯穿于事物发展的全过程。在事物的发展过程中，形成了两种内在趋势，一是“无中生有”，二是“有中生无”。我们的金融工程如何才能使其“无中生有”，而不是“有中生无”呢？这就是金融工程之“道”了。金融工程之“道”可以从两个方向下功夫，一是助推“无中生有”，二是抑制“有中生无”。前者可以称为金融创新，后者可以称为金融风险控制。这是一个问题的两个方向，二者缺一不可。做好这两个方向的事情，金融不就可以推动经济实现爆炸性增长了吗？不就可以实现可持续性的增长了吗？

我们从 2012 年在湖北省的通山县实施县域金融工程，到 2014 年在湖北省黄冈市实施市域金融工程，就是要将理论与实践结合，要让有与无的哲学思想和金融工程的实践相结合。通山县的县域金融工程证明了这一点，黄冈市的大别山金融工程更为广泛、更为全面、更为深刻地证明了这一点。

大别山金融工程是中国大地上的第一个市域金融工程。大别山是英雄的山，它为中国人民的解放事业贡献了无数的英雄儿女。大别山也是一座文化名山，它为中华民族贡献了一大批科学文化巨匠。然而大别山也是中国最大的贫困片区，面临着共和国最大的脱贫攻坚重任。因此，大别山金融工程也是共和国的脱贫攻坚工程。它所交出的答卷告诉大家，金融工程不仅可以创造前所未有的事情，而且可以让中国的大地消除贫困……

大别山金融工程已经走遍了荆楚大地，还在走向江西、吉林、内蒙古，走向全国各地。中国的一个贫困市域可以用金融去创造前所未有的事情，其他哪一个市域不能去这样做呢？当中国所有的市域和县域都这样去做的时候，也许就是中华民族的经济在全世界真正腾飞之时吧！

就用《创造套利——中国市域金融工程笔记》这个书名吧！

我想，出版社的朋友们会同意我这个想法，因为，大家的心都是相通的！

叶 永 刚

2018 年 2 月 20 日于武昌珞珈山

目录
CONTENTS

基础篇

思想篇

实践篇

拓展篇

随想篇

基础篇

金融工程

——我的诗歌和远方

哲学中有三问：我是谁？我从哪里来？我要到哪里去？我不知道我是谁，我不知道我从哪里来，我也不知道我要到哪里去！

但是我知道我出生的时间和地点，在那个时间、那个地点，我的父母把我带到了人世间。我知道我的生命会从起点出发，最后又会重新回归到起点。这便构成了我的一生，即生命的整个过程，并且我还知道，人的生命是短暂的，犹如昙花一现。

在我的生命历程中，阴差阳错地，我喜欢上了诗歌，而且很小就喜欢上了它。直到现在我还常常阅读它，甚至心血来潮时还写一点新诗，林林总总，到今年已经出版了十本新诗集。

不仅如此，我还有一个爱好，就是旅游，总想到处走一走、看一看。数十年下来，去过了美国，去过了英伦三岛，去过了欧洲大陆，去过了俄罗斯，去过了朝鲜，走遍了中国，并且还用诗歌的形式写下了不少的游记。

我莫名其妙地上了大学，从政治经济学专业到了金融学专业又到了金融工程学专业。到如今，我又研究起了宏观金融工程，又在宏观金融工程中研究起了县域金融工程、市域金融工程、省域金融工程等。而我的生命，好像注定了要聚焦在这里，并在这里终其一生。

有人问我：你的专业是经济学、金融学和金融工程，在常人看来，这些东西是科学、逻辑思维，而不是形象思维，你是怎样把诗歌和专业这两样完全不同的东西结合到一起去的呢？你不觉得矛盾吗？

我说，我觉得并不矛盾，诗歌需要的是激情与想象，而科学一样需要研究者的激情与想象，科学的成果，不仅取决于人们在自己专业领域的智力因素，而且取决于专业之外的非智力因素，即意志、毅力、情感等因素。而这些东西需要人们去培养自己的人文素质。中国有一句老话，叫作“诗的功夫在诗外”，而任何专业也是这样的，叫作“专业的功夫在专业之外”。

还有，金融工程专业有一种方法称为“积木分析法”，它就像小孩搭积木一样，用一块块的积木搭建出各种各样的“建筑”来。

我们的诗歌又何尝不是如此呢？我们的脑海中储存着各种文字、词组和意象。我们在心血来潮想写诗的时候，不就像使用“积木分析法”一样，将它们排列组合成一个又一个的诗句，并且形成一节又一节的诗行吗？其实道理都是一样的。

就我的人生感悟而言，一个人若有了诗歌的激情和想象，做起自己的专业来，懒惰的时间要少好多，而且思维也可能开阔好多。

由此可见，我的专业和诗歌并不矛盾。有时甚至可以相得益彰。那么，我的金融工程和我的远方呢？是否也能找到某种联系呢？

能！一定能！我的金融工程既是我的诗歌，也是我的远方。我把金融工程既当作诗歌，也作为远方。

“我在我的黑夜里燃起我的火把”就是我用诗歌表达对专业的感情和态度，“我举起火把走向长江，走向黄河，走向祖国大地的四面八方”就是我的远方。

“我走向四面八方”要干什么呢？要干我们的金融工程，要干我们的宏观金融工程，要干我们的县域金融工程，要干我们的市域金融工程，要干我们的省域金融工程，要干我们的全球金融工程。我的远方无边无际，我的远方红霞满天，我的远方神秘而又灿烂辉煌……

写到这里，我又想起我们伟大的诗人屈原的诗句：“路漫漫其修远兮，吾将上下而求索。”这不就是将“诗歌”和“远方”结合的典范吗？这不就是我们每一个人的人生榜样吗？

金融工程以及宏观金融工程，特别是宏观金融工程中的县域金融工程和市域金融工程，既是我的专业，也是我的梦想。我愿和大家一起，捧起我们的诗歌，举起我们的“火把”，朝着我们的远方，向前向前……

2017 年 12 月 11 日于吉林松原

金融工程与《发展经济学》

——深深悼念恩师谭崇台先生

接到谭先生辞世的消息时，我正在出差的路上。先生的追悼会准备在二〇一七年十二月十三日上午举行，而此时，我正在东北推进市域金融工程。

到了吉林省的松原市，我告诉市政府接待我的金融办主任杨广平同志，希望他与市政府相关领导商量一下，重新安排一下这次行程，我必须在十二月十二日之前赶回学校为恩师送行。我说："我的恩师走了，我必须赶回去给他老人家送行。要不然，我这一辈子永远都不得安宁。"松原市政府重新调整了我的工作时间，让我能够及时赶回武汉大学。

晚上住在松原宾馆，翻来覆去睡不着。

我最后一次看谭先生，是在湖北省人民医院病房。由于春节的一场感冒，谭先生的吞咽系统受到破坏，已经无法进食了。先生只好靠注射流汁维持生命。我见到先生时，先生时而糊涂，时而清醒。听到我的声音，他睁开眼睛，说完一句"别太累了！"，就又昏睡过去了……

先生对我恩重如山，就像慈父一般。

我记得大学毕业那年，我立志要考先生的硕士研究生，跟他学习西方经济学，结果我落选了。因为报考先生的人太多，而且西方经济学的考试最难，要考数学，当时大多数研究方向是不考数学的，而我的数学成绩不及格。

谭先生不仅没有嫌弃我这个差生，反而与学校协调，让我留校教书，继续从事经济学的教学研究工作。这影响了我的人生轨迹。

后来，我在学校一边教书，一边在职读完硕士。读完硕士之后，我仍然感觉还要继续深造，想到我大学毕业时的愿望，希望跟着谭先生学习。我选择了报考谭先生的博士研究生，依旧报考的人太多，我的考试成绩并不占优。按照学校分配给谭先生的指标，显然招不到我头上来。谭先生破例向学校申请额外指标，将我留下来。那届谭先生招收了5个博士研究生，我应是最后一名！写到这里，我想哭。

正因为谭先生这次扩招，我这辈子能够跟着他老人家学习西方经济学，并且接触到谭先生刚刚在国内开创的新学科——发展经济学。谭先生于1985年去美国访问，在美国看到了西方经济学中新的分支——发展经济学。他当时清醒地意识到，改革开放的中国正需要这门学科！回家之后，确定了新的研究方向，带领着自己的弟子们，在中国耕耘着这个崭新的领域。

1996年，在谭先生和他的儿子谭力文老师的帮助下，我有幸去了美国康奈尔大学进修。当时去那里的目的是要学习国际金融，因为我留校任教后一直在武汉大学讲授国际金融课程。但是在那里，我像谭先生当年看到发展经济学的兴起一样，看见了金融工程专业的兴起。我预感到这门学科在全球和中国有好的发展前景，但对我重大的挑战是它要求较好的数学背景，而我的学习背景显然是欠缺的。干？还是不干？

我想起了谭先生，想起谭先生访美和创立发展经济学的情形。谭先生当时已经年近六十岁了，但他毅然决然地从头干起，而我当时只是四十岁出头，正当壮年。我越想越倍感惭愧，于是立下宏愿，回国拓展金融工程专业。回国后，我们和全国的同行们在中国不仅创办了这个专业，而且使中国的这个专业成为全世界一个最为宏大的阵营，为中国的伟大复兴奠定了一个坚实的高端金融人才基础。每念及此，万分感恩先生。

我又想起了在谭先生身边学习的日子。谭先生特别向我们推荐两本书，一是亚当·斯密的《国富论》，一是凯恩斯的《就业、利息与货币通论》(以下简称《通论》)。这两本书，他要求我们读原文原著。而且他前后花了一年时间，为我们讲授《通论》。每次要求我们先阅读，然后讲解，最后由他讲解并点评。一年时间下来，我们在经济学基本原理的学习上打下了一个良好的基础。这使我们在后来的学习研究中，受益无穷。记得2015年春天，我参加一次学术论坛，听到有人在大张旗鼓地鼓吹“全民炒股推动中国崛起”的论调时，回忆起谭先生带我们学习《通论》时的情景。我们当时讨论过凯恩斯对投机与泡沫的分析。我自然就会考虑目前这些鼓吹是不是在制造泡沫。因此，在那次大会发言时，我就提出了这个问题，并指出泡沫制造出来一定会破灭的，破灭后一定会有灾难性的结果。几个月后，中国股市的发展正如我所预言的。我写这段话，并不是要说明自己如何高明，而是要说我们绝不应该盲从，特别是我们这些做理论工作的人，一定要有自己独立的人格和独立的思考。谭先生对我的教育和培养就使我深深地感受到了这些。只有具备一定的理论素养和专业功底，我们才不会人云亦云，以致迷失自己的独立和判断。

由于时代和经历的局限性，谭先生的数学背景并不是很好，但是谭先生的思想十分开明。在我们的博士课程中，谭先生专门请来武汉大学从事数理金融的王之柱老师给我们教了一年的“数理经济学”。谭先生告诉我们，在中国，很少有像王老师这样既懂经济学又懂数学的学者了。他是南开大学钱荣堃老师的同学，学经济学的，又钻研了数学和统计学，是中国难得的数理经济学老师。要我们跟着王老师好好学，连他自己都想跟着一起去上课。可惜他太忙，顾不过来。现在回忆起来，我们这些学生真是有福了！王之柱老师用一本厚厚的英文原著当教材，要我们每星期阅读两章。每周上课时，我们先提问，他回答，然后反过来。接下来是深入讨论。这一年的数理经济学课程，使我们懂得了一个道理：对于我们这些学习经济学的人来说，难的不是数学，而是数学背后的经济学含义。由于王老师数学和经济学都通，所以大大提升了我们学习这门课程的信心。正因为有了这一年的学习，我才下决心在美国康奈尔大学研究金融工程。

谭先生不仅治学严谨，而且对我们这些学生要求严格，寄予厚望。我记得有一次谭老师给我们讲通论课。我们有好几个人迟到，而我就是迟到最久的那一个。谭先生发脾气了，我们从来都没见过谭先生发那么大的脾气，把课本都扔了，课也讲不下去了！我们一辈子都忘不了那一次课。从此，我们再也不敢迟到了！我后来走到讲台上，也同样对学生严格要求。

谭先生在国内创立发展经济学科，不是简单地照搬西方的现成理论，而是要求我们理论联系实际，知行合一，解决实际问题，特别是中国的实际问题。

谭先生对中国的经济发展问题极为重视，很早就强调经济增长与经济发展的区别。我记得有一次一位从事实际工作的高官来看望谭先生，见到谭先生的第一句话就说：谭先生，您的发展经济学我们没有读好，要是我们照您老人家说的那样去做，我们就不会整出这么多的雾霾来呀！

谭先生对中国的“三农”问题极其重视。他多次写文章要求人们不要忽视农业的发展，要通过推动农业的产业化来发展中国的现代化，而不是通过牺牲农业来发展其他行业。他多次告诫我们，我们是学习和研究西方经济学的，但是他从来都不认为西方经济学能够救中国，我们一定要联系中国的实际来学习和研究，不能让自己变成书呆子。谭先生的这些教诲对我后来从事金融工程研究，特别是县域金融和市域金融工程研究产生了重要的影响。

有一次，我听到有人在闲谈时议论谭先生说：“真的，什么样的老师教什么样的学生，你们看谭先生教的这些学生，大都是老实巴交做学问的。”谭先生一生培养了一大批博士研究生，在这些博士研究生中，做高官和做生意的并不多，而大多数人都在高校当老师、做研究。当我们在听到这些议论时不仅认为这没有什么不妥，而且认为谭先生是最值得我们自豪和骄傲的老师。谭先生人格高尚，淡泊名利和崇尚学术，他给我们留下的精神宝藏，我们一辈子取之不尽、用之不竭！

这些年来，我在学习和研究金融工程的过程中，常常在问自己一个问题：我到底从谭先生那里学到了些什么？

我们在中国创办金融工程的过程中，并没有走美国人的老路，而是从一开始就确定了宏观金融工程和微观金融工程打通的目标。我们在国内外很早就提出了宏观金融工程的理念（宏观金融工程是用金融驱动经济持续稳健发展的金融工程），并且将这种理念转变为国家教育部重大攻关研究项目，将其广泛应用于中国的实践中。

实际上，我是在谭先生门下找到了学科发展和研究的方向。我学的是发展经济学，我的博士学位论文及研究方向是金融与经济发展的关系。

过去我们对二者的关系说得较多的是经济决定金融，金融反作用于经济。但实际上，大家强调更多的是前者，而并不是后者。而宏观金融工程研究的是这种"反作用"，并让金融对经济形成巨大的推动力。用发展经济学的术语来讲，这叫作"大推进"的经济发展战略。谭先生，我将您教给我的发展经济学与所学的金融工程原理结合起来，运用于中国的经济发展实践，去解决中国的"三农"问题，去研究中华民族的复兴问题，去研究全世界的经济发展道路问题！

谭先生，愿您风范长存、千古不朽！您的学生们将沿着您的足迹，牢记您的遗愿，去研究一个又一个的学术问题，去创造一个又一个的学术研究领域，去造福一个又一个县域、市域、省域和国家，甚至全人类！

我们尊敬而又慈祥的谭先生，安息吧！

2017年12月12日于吉林松原

新发展理念与中国产权市场在区域金融工程中的应用

今天我在这里和大家一起分享学习十九大报告的心得和体会。大家都是中国产权市场上的领军人物，或者叫作“先行者”“引领者”，而我只是武汉大学的一个普通老师。大家是行家里手，而我是一个门外汉，今天跟内行坐到一起来了，我想这也是一种机缘。

接下来我将为大家汇报三个方面的想法。一是十九报告中的新发展理念说了些什么；二是为什么会这么说；三是如何根据中国产权市场的实际情况去落实十九大提出的新发展理念。

首先我们来看十九大报告是如何表述新发展理念的。十九大报告强调了习近平新时代中国特色社会主义思想并在其中提出了“十三个坚持”。而我今天要说的是对于“坚持新发展理念”的理解，因为这个坚持与大家的工作实际和今天的会议主题贴得最近！

“坚持新发展理念。发展是解决我国一切问题的基础和关键，发展必须是科学发展，必须坚定不移贯彻创新、协调、绿色、开放、共享的发展理念。必须坚持和完善我国社会主义基本经济制度和分配制度，毫不动摇巩固和发展公有制经济，毫不动摇鼓励、支持、引导非公有制经济发展，使市场在资源配置中起决定性作用，更好发挥政府作用，推动新型工业化、信息化、城镇化、农业现代化同步发展，主动参与和推动经济全球化进程，发展更高层次的开放型经济，不断壮大我国经济实力和综合国力。”①

然而，将我们过去所学的发展经济学与这次十九大报告中所提出的新发展理念对照起来看，十九大报告中的发展理念让我们又进入了一个新的高度和视野。我们可以看到新发展理念的方方面面，例如我们在五大发展理念中就有了“创新、协调、绿色、开放、共享”。因此，从发展经济学的角度来讲，这就使中国的发展经济学具有了中国特色，特别具有了“新时代中国社会主义特色”了！

接下来我说第二个问题：为什么会有这五大发展理念？我认为这五大发展理念是中国新时代的产物，它的提出对于中国现阶段的实际和实践具有很强的针对性和应用性。

那么，什么是我们新时代的实际问题呢？我认为，十九大报告中强调了新时代的主要矛盾，其主要矛盾是人民日益增长的美好生活需要和不平衡不充分的发展之间的矛盾。

这种主要矛盾在中国经济金融领域具体的表现有哪些呢？例如：

（1）中国发展中的“二元经济”现象（因此，我们特别需要县域金融工程）；

（2）中国“乡村金融”现象（因此，我们特别需要协调创新）；

（3）中国“跛腿金融”现象（因此，我们特别需要发展资本市场）；

（4）中国“玉门关金融”现象（因此，我们特别需要支持企业融资）；

（5）中国“两张皮金融”现象（因此，我们特别需要“两只手”的结合）。

我接下来讲第三个问题：如何针对这些问题，并根据我们中国产权市场的实际来落实和贯彻十九大报告中所提出的新发展理念。

我在展开这个问题的分析之前，先交代一下经济发展与金融工程之

① 《决胜全面建成小康社会　夺取新时代中国特色社会主义伟大胜利》，人民出版社2017年版，第21—22页。

间的关系，然后再分析我们中国产权市场如何“工程化”，或者说该如何“金融工程化”。

经济学的基本公式是 $y=f(x)$。

经济工程学的基本公式是 $y=1+x$。

这两个公式的区别在哪里？前者是科学思维，主要研究方法是定性分析和定量分析。后者是工程化思维，主要研究方法是工程化分析。前者是解释世界，后者是改变世界。

我在谭先生那里学的是经济学中的发展经济学，但是我自己后来主要研究的是金融工程学，特别是宏观金融工程学。宏观金融工程的概念是我们在国内外第一次提出来并予以理论化和系统化的。宏观金融工程就是用金融驱动经济发展的系统工程。

明白了这个道理，我们接下来就可以运用金融工程的原理和方法来分析中国的产权市场了。我在这里给大家提出“十五招”吧，供各位行家参考。

中国产权市场金融工程重大举措：

（1）中国国有企业与民营企业混改与股份化；

（2）中国国有企业与民营企业挂牌上市；

（3）中国产权要素市场化工程；

（4）中国产权市场企业托管登记工程；

（5）中国产权市场企业股权质押工程；

（6）中国产权市场互联网金融工程；

（7）中国产权市场企业资产证券化工程；

（8）中国产权市场与要素市场联动工程；

（9）中国产权市场与县域金融工程联动工程；

（10）中国产权市场与市域金融工程联动工程；

（11）中国产权市场与省域金融工程联动工程；

（12）中国产权市场风险管理体系建设工程；

（13）中国产权市场产业发展基金体系建设工程；

（14）中国产权市场并购基金管理体系建设工程；

（15）中国产权市场融资服务体系建设工程。

这“十五招”是择其要者而言之，各地可根据自己的实际情况予以选择、发挥和创新。一个产权交易市场且不说用完这“十五招”，能用其三至五招就相当可观了。

2017 年 12 月 14 日于广州

小马过河与金融工程风险观

初冬的阳光暖融融的，透过窗棂，将屋里照耀得一片通亮。我坐在湖北省分管金融的曹广晶副省长对面，向他汇报关于湖北省金融工程下一步的研究设想。我们谈到了十九大报告和中共中央金融工作会议的有关精神，谈到当前金融风险的状况和地方政府防范金融风险的必要性等。

他告诉我："就像小马过河的故事那样，有些同志站在河边，像小松鼠一样，害怕风险，不敢过河。如果我们换一个视角，换成小马的视角，或者老牛的视角，风险就不一定可怕了。"

曹广晶副省长的这段话，对于我们正确认识金融风险，具有十分重要的现实意义。

这段话讲出了金融风险认识视角的相对性。不同的人对于金融风险的认识是不一样的。的确，要过河是有风险的。但是，小马过河故事中的动物们，对于风险都有着不同的认识和态度。同样是面对这条河流，小松鼠认为风险大，不能碰。老牛认为根本就不存在风险，完全可以大胆地朝前走。而小马的妈妈却告诉它，要靠自己去探索和实践，其实小马的妈妈教给小马的是一种认识风险和管理风险的思维方式。小马终于自己摸索着过了河，它终于明白，原来河水既不像小松鼠说得那么深，也不像老牛说得那么浅。

写到这里，我想起了小时候在家砍柴的故事。

那是农村的计划经济时代，大家都在农村务农，到外地打工或做生意是不允许的，是要当作“资本主义尾巴”割掉的。正因为所有的人都困在农村，所以资源极其匮乏，不仅温饱问题难以解决，就是烧柴也成了大问题。满山遍野的野草和杂树几乎都被刨光。

我们除了背着书包上学以外，放学后必须拿起砍刀到处找柴草。好砍的柴草都被大家砍走了，甚至连根都挖走了。只有那些藏着马蜂窝的地方长着一簇簇浓密的野草和刺树。但是一般的人都不敢去碰，因为怕马蜂。马蜂蜇人非常凶猛，能使人头肿得像注水的猪头一般。

怎么办呢？为了砍到那一堆柴草，我们只好找来一些垃圾和石块，先朝草丛中扔过去，看看有没有马蜂的动静。如果有马蜂，它们马上就会攻击这些扔过去的垃圾和石块，这种行为会对它们自己造成致命的伤害，趴在地上动弹不得。经过这样的试探和进攻之后，我们再走过去，将马蜂窝用砍刀挑开，割下这些浓密的柴草和刺树，我们就可以背着这些“战利品”回家了，这就叫作“高风险高回报”。因此，从这个视角来看，金融风险也是一种资源。愈是有风险的地方，愈是有回报，而且风险愈大，回报愈高。

拿我们的市域金融工程和县域金融工程来说吧，我们面对的大都是中国的农村经济，是中国经济的薄弱环节。我在《金融非常态——中国县域金融工程笔记》中曾经说过，我国的农村普遍存在着中国乡村金融现象。这就是中国普遍存在的资金流失现象。

为什么会存在这种现象？因为金融风险！因为金融机构担心存在资金贷放出去之后收不回来的风险。我们的金融机构简直就像站在河边害怕过河的小松鼠一样，因此，资金的流失与风险存在的普遍性是有联系的。但是，金融工程的天职和使命恰恰与风险管理联系在一起。

我们认为，金融工程在微观层面，无外乎就是三招：一是风控；二是盈利；三是融资。在微观的基础上，我们再加上宏观调控和“全球论”这两招，就把微观金融工程变成宏观金融工程了。这五招捆绑在一起综合发力的宏观金融工程，就变成中国乡村金融现象的“救星”了！

这就使我们明白了一个道理，市域经济和县域经济面对的金融风险并不可怕，是有办法来进行防范的，甚至可以当作一种经济资源进行综合利用。对付这种金融风险的有力武器，就是金融工程！

只要我们实施金融工程，控制住了金融风险，让金融机构的投融资不仅进得去，而且出得来，这个问题不就迎刃而解了吗？流失的资金不就回流了吗？不仅如此，外地的资金不是也可以“逐水草而居”，像鱼一样，追逐过来了吗？

在回答这个问题之前，我们有必要先界定一下金融风险的基本概念，即：什么是风险？什么是金融风险？一般来说，风险指的是不确性，而金融风险指的是金融资产价值或价格变化的不确定性。

我们的金融工程，是如何应对这种不确定性的呢？

我们有两条路径：一是将这种不确定性变成确定性；二是限制不确定性的不利影响的同时保留其有利影响。我们常用的远期交易和期货交易等线性工具就属于前者，而我们常用的期权交易等非线性工具就属于后者。

再来看我们的市域金融工程和县域金融工程，我们就是要运用这两条路径或方法，在控制金融风险的前提下，有效地配置金融资源，推动经济持续而又稳健的发展。我们的市域经济和县域经济既存在个人的金融风险，也存在公司的金融风险，还存在金融机构和政府的金融风险。我们的宏观金融工程主要解决政府的金融风险，它不是要去解决个人或单个公司与金融机构的风险，而是要站在政府部分、金融部分、企业部分和个人部分这四大部分的“大政府”的金融工程或财务工程（或称之为“经济系统工程”）之上。

如何管理这种“大政府”的金融风险？一是协同创新，二是宏观资产负债表。

对于协同创新来说，我们就是要四大部分协同发力，换一句话说，就是要将政府“有形的手”与市场“无形的手”相结合。如果政府部分、金融部分、企业部分和个人部分一起来对风险进行兜底，这个问题就可以彻底解决了。

对于宏观资产负债表来说，它衡量的就是一个地区整个的资产或“家底”。从经济学上讲，这是存量，而我们的GDP只是流量。我们目前只有流量分析和管理，而没有存量分析和管理。宏观资产负债表的使用可以将存量分析与流量分析相结合，从而使我们的政府经济管理达到一个崭新的高度和水平。

宏观资产负债反映的是经济社会的信用风险水平和金融风险水平，只要宏观资产负债表不出问题，宏观金融风险就可以防范了，我们的地方经济的不确定性就变成确定性或者不确定性的不利因素就可以控制了！我们的宏观金融风险或者我们常说的系统性风险，就可以守住底线了！我们接下来要做的工作就是在控制风险的前提下发展我们的经济了！这样一来，我们地方政府的领导同志们就可以像小马过河中的小马一样，信心十足地过河了！

2017年12月2日于珞珈山

麻杏石甘汤与金融对经济的反作用力

我这辈子一波三折，但总的来说，还是十分幸运的。首先，在经历了中国的计划经济时代之后，我赶上了改革开放。其次，我又十分幸运地在中国恢复高考后考上了名牌大学武汉大学，并且师从李崇准、谭崇台先生。后来，我到美国康奈尔大学学了金融工程，又到美国佐治亚州立大学学了风险管理。

我前面的这些经历和机会在很大程度上促成了我现在潜心研究的宏观金融工程。我运用从李先生那里学来的金融学，谭先生那里学来的经济学，美国大学学来的金融工程和风险管理构建了一个宏观金融工程体系。从理论上讲，该体系就是要研究金融与经济的关系。

在金融与经济的关系上，大家过去说得比较多的有两句话，一句话叫作“经济决定金融”，一句话叫作“金融反作用于经济”。但是在经济和金融的研究和实践中，大家往往记住了前一句而忘记了后一句。因此，金融对经济的这种反作用往往被人们忽视了，受到了冷落。然而在经济的发展过程中，这种反作用往往是巨大的，甚至是颠覆性的。而我们的宏观金融工程首先要聚焦的研究目标就是这种反作用。反作用有大有小，我们要特别强调的是大反作用，或者换一句话说叫作“如何充分发挥金融对经济的反作用”。这个问题如果说清楚了，我们就可以做到“金融活，经济活；金融稳，经济稳”了，这就是我们现在所说的“小切口”与“大变局”之间的关系，这就是运用“小切口”去实现“大变局”的方法了！

我们的宏观金融工程是如何形成这种反作用的呢？宏观金融工程就是要在控制风险的前提下，运用金融创新的手段去实现经济的持续发展。金融工程微观上的三招——风控、盈利和融资，是国内外金融工程研究的主要方向，但是我们觉得盲目照搬国外的研究成果是有问题的，中国的实际与国外有很大的差别，这就要求我们在研究问题特别是中国问题时，要从中国的实际出发。我们在前面三招的基础上，再加上后面的两招，即政府的“有形之手”与市场的“无形之手”相结合的“两手论”，和国外资源与国内资源综合配置的“全球论”（或者叫作“开放论”），这五招就构成了宏观金融工程的五张王牌。这五张王牌捆绑在一起运用，就成了宏观金融工程的“王炸”了。这是经济学、金融学和管理学三结合的“核爆炸”思想。从这个意义上讲，宏观金融工程是驱动经济发展的“核动力”和“核武器”。写到这里，我又想起了在此之前写下的《金融非常态——中国县域金融工程笔记》了。如果大家读过那本书，也许会有更深刻的理解。

由此看来，我们的宏观金融工程就是要在控制风险的前提下，运用金融创新去推动和实现经济发展，换句话说，就是在“稳金融活金融”的前提下，去实现“稳经济活经济”的战略目标。更深入地说，宏观金融工程及其五招，就是一种运用“核动力”形成的巨大反作用，去实现经济的爆炸性增长的经济系统工程！

这种爆炸性的增长是如何实现的呢？

我在这里先给大家讲一个例子，然后再来给大家进行学术上的分析。我和太太永远都不会忘记我们家小孩在小时候的一段经历。那时候小孩患上了感冒，伴有咳嗽。感冒好后，咳嗽一直不好。找遍武汉大医院的所有呼吸科，都没治好，一拖就是两年多。后来有人告诉我们去找“气功大师”，说是很灵验的，一摸就好。摸一次只收 100 元人民币。结果摸了好久了，依然不见成效，后来愈来愈严重。一家人全都笼罩在一片压抑的气氛之中，小孩每咳一声，我们心里就像刀割了一下。到后来小孩甚至咳嗽到两眼冒血，这把我们一家人都吓死了！有一次，他一边咳嗽一边流着眼泪说：“人活着怎么这么难受！”要知道，他当时还只是个十来岁的小孩子呀！

后来有一个朋友给我们介绍了一个小诊所。这个诊所是私人开的。主治医生名叫熊绍庭，他曾在武汉市一家很有名的大医院待了十多年。他家是中医世家，祖上都是行医的，他的父亲就在家开过诊所。父亲去世后，他子承父业，回家撑起了这个诊所。

我和太太带着儿子找到他。他仔细听我们介绍情况，然后给小孩把脉。接下来，他信心十足地告诉我们：“小孩的病，我可以治好，就是时间稍微长一点。我给他先开几服中药，你们拿回家先煎了给他喝下去。喝完了这几服，你们再带他来找我。”几服中药喝下去，小孩的病情大为好转。我们后来又来找他，他说：“很好，我再给你们开上几服，喝完了再来。”十几服药喝完了之后，小孩的病情就控制住了。接下来，他告诉我们：“现在可以不吃药了。只要小孩不再咳嗽，你们可以不管他。我给你们再开几服药拿回家，如果咳嗽了你们再煎给他喝。慢慢地，他有了抵抗力，身体机能增强了，这个病就好了。”

后来真的如他所说，小孩慢慢地恢复了。我们一家人对他感激不尽。

我后来问他：“熊医生，为了这个小孩的咳嗽，我们跑遍了武汉三镇，求过无数医生，甚至最后还找了‘气功大师’，恨不得给他下跪，都没有治好这个孩子。为什么您的中药喝下去，就解决了他的这个咳嗽呢？”

熊医生笑了笑说：“你们有你们的专业，我有我的专业。我们家世代行医，专长之一就是治这种咳嗽，而且特别擅长治小孩的咳嗽。其实，我们家对这种疾病的医法跟别人没有太大的差别，都是中药药典上写着的。这味药叫作麻杏石甘汤，就是麻黄、杏仁、石膏和甘草的合剂。但是，我们家在配方和药剂上是与别人有差别的。一般人用这个方子来治一般性咳嗽，我们家用这个方子来治哮喘。您家的孩子由于咳嗽的时间太长，已经拖成哮喘性咳嗽了。我们就用治哮喘的方法来治您家小孩的咳嗽。一般的人用这个方子胆子比较小，不敢在剂量上有所突破。我们家在这个药方中对石膏的用量有所突破，周围石膏店的石膏几乎都供给我们了！”

原来一样的药方，中药材用量不一样，效果也会差很多呀，这不就是我们通常所说的出重拳吗？看来，光有组合拳还不够，我们不仅要有组合拳，还得在组合拳的基础上出重拳哪！我们大多数人往往只知道出组合拳，而没有更深一层地去思考如何出重拳的问题。我们的宏观金融工程在解决金融对经济的反作用时，不仅要出组合拳而且要出重拳，既要更稳，又要更准更狠。如此作为，势必事半功倍，成效显著！

说完了这个故事，我们再来仔细分析宏观金融工程的反作用。我们就是要引用中国传统医学中的哲学方法和智慧来分析我们的金融工程。我们从 2017 年春天开始，对东北的情况进行了一些调研，并且以吉林省的松原市为起点开始了松花江金融工程的研究、设计和实施。在这个市域金融工程的示范基地上，我们就运用了宏观金融工程的这种组合拳和重拳。

针对松原市的实际情况，我们制定了该市金融工程的实施方案。该实施方案就是我们开出的处方。在此处方中，我们制定了解决松原市问题的十大措施。这十大措施就是我们处方中的“中草药”。这十味“中草药”就是我们的组合拳，而这个组合拳中，又有我们打出的重拳，如企业股改挂牌上市、银行的金融创新、政府资源的综合配置等。这种将组合拳与重拳一起出击的方法，很快就可以形成强大的反作用，推动经济的发展。

2017 年 12 月 16 日于塔珈山

中国金融现象中的“四怪”

我们为什么要搞中国县域金融工程？为什么要搞中国市域金融工程？

这是因为我们的县域和市域金融存在薄弱环节，甚至是极其严重的薄弱环节。

这些年来在实施金融工程的过程中，我们越来越清醒地认识到中国金融领域存在的种种问题。金融工程是针对金融问题而来的，我们把这些中国金融领域存在的问题戏称为“四怪”，主要是为了方便大家记忆。

其一，中国“乡村金融”现象。这个问题在《金融非常态——中国县域金融工程笔记》中已经有专门论述。这里并不多讲，只是简单提及。这是中国的“资金流失现象”。乡村的存款流失到了县域，又从县域流失到了省域，再从省域流失到了省外，最终从中国流失到了国外。中国的高额外汇储备就是中国的高储蓄率为国外所作的“贡献”。

其二，中国“跛腿金融”现象。什么是“跛腿金融”现象？对于我们的经济发展来说，应该是“两条腿走路”。这“两条腿”分别是直接金融和间接金融。前者以资本市场为主体，后者以银行为主体。但是，对于我们的大多数县域和市域来说，银行存款的很大一部分流失，实际上只有“半条腿走路”，而对于多层次资本市场来说，几乎为零，没有“腿”。因此，我们需要再增加“半条腿”和“一条腿”，形成“两条腿走路”，不仅要“两条腿走路”，而且要形成“两条腿跑路”！显然，两条腿比半条腿跑得快，而且要快出好多倍！金融工程正是要“两条腿走路”，甚至要“多轮驱动”，全面系统地解决投资和金融问题！

其三，中国“玉门关金融”现象。“玉门关金融”现象指的是企业融资难融资贵问题，特别是中小微企业的融资难融资贵问题。而我们县域和市域拥有的恰恰就是这些中小微企业。

其四，中国“两张皮金融”现象。“两张皮金融”现象指的是金融与实体经济的关系问题。金融对产业的支持不够，存在金融“脱实向虚”的现象，而我们的目的和宗旨是要让金融“脱虚向实”，真正落在实处，为实体经济服务。为实体经济服务就是要为产业服务。为产业服务就是为企业服务！

当然，中国经济中存在的金融问题绝不止这“四怪”，但是，如果我们金融工程的矛头直指这“四怪”，我们就抓住了县域和市域经济中的主要薄弱环节，就可以解决“钱从哪里来”和“钱往哪里去”的问题了。

这“四怪”说怪也不怪，它其实是我们市域经济和县域经济中存在的普遍现象。既然这些现象具有普遍性，那就更值得我们去研究，去克服了！

毛泽东同志曾经在他的诗词中说，我们要“可上九天揽月，可下五洋捉鳖”，难道我们的金融工程就不敢去拿下这“四怪”吗？

就让这“四怪”走着瞧吧！

2018年1月8日于珞珈山

钱是什么？

我一直在研究着一个问题，那就是金融与经济的关系，通俗地说，就是钱与经济的关系。因为金融这个概念，在一般人眼中，就是一个钱字。我们的各级领导往往只说钱，而不说金融。我们的宏观金融工程，说来说去，就是要解决钱与经济的问题。宏观金融工程与微观金融工程的一个重要差别就在于微观金融工程只是就金融而论金融，要通过金融创新来挣钱，而宏观金融工程则是要通过金融工程来做大“经济蛋糕”，并让大多数人都能分享到这个做大的“蛋糕”。

如何解决钱与经济的关系问题？我们过去曾经多次谈到“李翔三问”，即“钱从哪里来”“钱往哪里去”“钱的风险如何控制”。后来，我们又在“李翔三问”的基础上，追加了两问，即“钱是什么”和“钱的作用如何充分发挥”。这两问加上“李翔三问”即构成了五问，我们将这五问戏称为“叶氏五问”。我不仅要追问这五个问题，而且要对这五个问题从理论上进行阐释，并且在现实中提出解决这五个问题的实施方案。回答了这五个问题，也就回答了钱与经济的关系问题。

在这一篇中，重点回答钱是什么的问题。

钱是什么？这个问题虽然提得简单，但回答却是很不容易的！我们在此首先选用一种最为世俗化的回答：钱是能使鬼推磨的东西！

我们对钱不能没有敬畏之心，因为它具有一种魔力，这种魔力能让鬼把磨子都转起来。我们这里所说的磨子就是经济！即金融可以推动经济发展！

钱是如何鬼使神差般推动经济这个磨子的呢？因为钱是一种资源的配置方式。钱在运动过程中配置资源，这种运动过程就是借钱，也就是资金融通。钱是通过借贷发生作用的。我们曾经将钱的这种资源配置作用概括为五句话：

（1）用明天的钱办今天的事；

（2）用昨天的钱办今天的事；

（3）用别人的钱办自己的事；

（4）用政府的钱与市场的钱一起办事；

（5）用外国人的钱与中国人的钱一起办事。

前面的两句话是从时间维度来说的，而后面的三句话是从空间维度来说的。可见，钱可以从时间和空间两个维度配置资源。

我们把这五句话称为宏观金融工程的五张王牌，这五张王牌我们也称之为五个“王炸”。这五个“王炸”捆绑在一起就是一个“集束炸弹”，能够做到无坚不摧，真的可以使鬼推磨了！目前国内外主流的金融工程仍然是微观金融工程，只用到了前三招，我们再加上后两招就变成了宏观金融工程了。

明白了这些道理，也就弄懂了“钱是什么”的问题了。明白了“钱是什么”的问题，就可以做到解放思想了。

近年来，由于全国各地示范和推广县域金融工程和市域金融工程，我们调研了数百个地区，看到了一个十分普遍的经济现象，各个地方都制定了自己的“十三五”规划。几乎所有地方规划的经济增长速度都是“7上8下”，这是因为中央政府对“十三五”有一个总体的安排，各个地方政府的规划基本上是根据这个安排照搬照套。

在调研的过程中，如果我们再将这个问题问细一点：“你们为什么将发展速度定为8%？8%的速度需要多少资金配套？你们的配套资金从哪里来？”一般地区都很难回答上来。因为各地基本上没有配套资金的规划，而资金配置的问题是宏观金融工程所要解决的问题。

长期以来，我们的各级政府只有财政工程，而没有财务工程。财务工程不仅涉及政府部分的资源，而且涉及金融部分、企业部分和个人部分的资源。它是一种综合配置四部分资源的理论和方法，这种理论和方法就是宏观金融工程的理论和方法。由此可见，宏观金融工程就是政府的财务工程，就是用金融去驱动经济发展的系统工程。

懂这种理论与否在实际工作中是有天壤之别的！懂了，就可以解放思想了，就可以在新常态下具有新的作为！不懂，就很有可能在新常态的借口下墨守成规！

2018 年 1 月 14 日于珞珈山

钱从哪里来?

“钱从哪里来”是各地经济当家人永远都回避不了的问题。

我们曾经在“李翔三问”中把这个问题作为第一问。对这个问题的回答可以是仁者见仁、智者见智的，因为融资渠道可以有千万条。重要的问题不在于选择什么样的融资渠道，而在于这些渠道背后所存在的基本原理和指导思想是什么，即我们通常所说的，要知其然，更要知其所以然。

为了加深大家的印象，我们对这个问题给出一个不会轻易忘掉的回答：钱可以“无中生有”。

粗略一听，这个回答似乎是信口开河，胡说八道，但是仔细一琢磨，并非没有道理。从哲学层面上讲，这里在讲有和无的关系。有可以变成无，而无亦可以生有。没有钱可以变有钱，这不就是“无中生有”吗？谁不感兴趣呀！可问题恰恰在于如何“无中生有”。

从金融的角度来看，这个问题的解决与一对哲学的概念有关，那就是时间与空间。我们曾经说过，金融是一种资源配置的方式。金融配置资源的方式从时间的维度来看，我们可以“用明天的钱办今天的事”，也可以“用昨天的钱办今天的事”。有了这两条，无中不就可以生有了吗？我们就有福了！我们说自己没钱，是在说今天没钱，但这并不意味着明天和昨天没有钱。只要我们昨天有钱或明天有钱，就可以通过各种金融手段将昨天的钱和明天的钱统统变成今天的钱。

在上一篇还有第三句话，叫作“用别人的钱办自己的事”。这句话是从空间的维度来讲的，从空间上看，所有人的钱、所有金融机构的钱、所有地方的钱，包括政府的钱、国外的钱，都可以为我所用。但是，这种为我所用是有条件的，这是在借钱，借钱是要还钱的。拿什么还呢？拿明天和昨天的钱来还哪！这不是在讨论时间和空间的关系吗？

有一句话是这样说的：拿时间换空间。说的不就是这个道理吗？只要我们能将潜在的资源变成明天的现金流，就不愁今天借不到钱了，因为我们今后还得起，还得起才是硬道理！还得起就赢得了时间，时间就可以换来空间，即换来别人的借款，一盘棋就这样活了！

这不就是“无中生有”吗？自己是无，可别人是有，今天是无，可明天和昨天是有哇！换一个角度，换一种思维方式，钱从哪里来的问题，不就有着落了吗？

农村有一句俗话，叫“活人不要被尿憋死”。我们很多地方的当家人还是没有将这个道理弄明白，所以活活地“被尿憋死了”！

2018年1月14日于珞珈山

钱往哪里去？

解决了钱是什么的问题，我们就可以回答钱从哪里来的问题了。再接下来，我们所要解决的就是钱往哪里去的问题了。

钱到底往哪里去？

简单一点说：钱要往赚钱的地方去！

为什么？因为我们的钱是借来的，借来的钱是要还的。我们说过，金融就是借钱的借字，金融工程就是在借钱的借字后面再加上一个还钱的还字。俗话说得好："有借有还，再借不难。"

对于我们的县域金融工程和市域金融工程来说，哪些地方是可以赚钱的呢？一是产业，二是新型城镇化建设项目。因此，从这个概念上讲，钱往哪里去的问题，就是要解决另一个"两条腿走路"的问题，一条腿是产业，另一条腿是新型城镇化。

"两条腿"中最重要的一条腿是产业。我们现在提得最为响亮的口号之一就是"金融要为实体经济服务"。实体经济就是产业，产业就是企业。对于我们的县域经济和市域经济来说，企业就是民营企业和中小微企业！

在宏观金融工程中，有一个重大举措就是产业金融工程。产业金融工程的一个重大突破口就是企业的股份化和区域性股权市场上的挂牌。这个问题解决了，这些企业融资难融资贵的问题就迎刃而解了。

产业的问题是和扶贫问题联系在一起的。我们提倡通过产业化来从根本上解决扶贫问题，主张将金融扶贫、产业扶贫与财政扶贫综合运用而形成一种综合扶贫的模式。

“两条腿”中另一条腿是新型城镇化。我们提出的口号是用产业化推动新型城镇化。不解决产业的问题，城镇化建设就很有可能建出一批“鬼城”来，就很有可能唱起“空城计”来。

可见，钱往哪里去的问题就是要解决“两条腿走路”的问题，解决了“两条腿走路”的问题也就解决了“人民日益增长的美好生活需要”了，即解决了我们在十九大报告中所提出的主要矛盾问题了。

2018 年 1 月 14 日于珞珈山

钱的风险如何控制？

“李翔三问”中第三问是“钱的风险如何控制”。这里所要回答的钱的风险主要是指政府部分的金融风险，而不是指金融部分、企业部分、个人部分的金融风险。

政府的金融风险可以从以下三个方面着手：一是缺口管理，二是资产负债管理，三是协同管理。

首先，在风险的识别和测量方面，缺口管理主要通过两个缺口的测算进行。

第一个缺口是投融资缺口。我们每一级地方政府都有经济发展的规划，其中一个很重要的指标就是 GDP，即国内生产总值。确定了 GDP 的发展速度后，就可以计算所需投入的资金了，由此便可以计算出投融资缺口。有了投融资缺口的计算也就可以考虑投融资缺口的管理了，这是金融工程所要解决的问题。金融工程在这里要干的事情也就是运用各种金融手段来填平这个缺口，换句话来说，就是要想方设法来借钱。

接下来要考虑的第二个缺口是政府债务缺口。一旦计算出来债务缺口，金融工程所要考虑的便是这种债务缺口的管理了。这种管理一般来说使用两种方法，一是融资法，二是税源法。融资法通过融资手段调整债务的期限结构，税源法通过金融支持实体经济发展从而获得更多的税源来从根本上解决债务风险问题。

其次，资产负债管理主要通过编制资产负债表进行。可以通过编制地方政府的宏观资产负债表科学地测算政府的信用风险状况，并且可以通过扩大规模的办法拓展政府的融资能力。

最后是协同管理。政府的资源可以用来设立融资担保基金、产业基金和风险基金。这三种基金可以协同发力，并且与区域性股权市场综合运用。这种做法可以大大降低政府投融资的风险，并且以其杠杆作用撬动经济的发展。对于任何一个县域或者市域来说，可以首先运用区域股权市场将其大批中小微型企业通过股改后挂牌，由于有政府三种基金的支持，几乎所有的融资渠道都可以打通。企业发展了，税源的问题就可以解决了。

以上这三种办法可以综合运用。具体的应用方式则可视各个县域和市域的实际情况而定。

钱的风险控制住了，经济就稳定了。在控制风险的前提下把金融搞活了，经济也就活起来了。

在这里有必要强调的是“钱的风险如何控制”与金融工程的关系。别忘了，宏观金融是要在控制风险的前提下，通过有效配置金融资源推动经济发展。并且在前面讲过，宏观金融工程的五张王牌中，第一张王牌就是风控，因此，可以毫不夸张地说，金融工程就是风险管理的法宝。要真正懂得金融风险管理最好多学习一些金融工程的理论、方法和常识。

2018 年 1 月 14 日于珞珈山

钱的作用如何充分发挥?

这个问题是“叶氏五问”中的第五问。为什么要问这个问题?这是因为我们不仅要用金融驱动经济发展，还要强有力地推动经济发展。具体来讲，在制定金融工程实施方案的过程中，不仅要出组合拳，而且要出重拳。从这个意义上讲，我们将金融工程的理论称为“核爆炸”理论，戏称金融工程是一种能够引起“核爆炸”的“核武器”。

为什么说它是一种“核武器”呢?

首先从钱的来源看，我们可以通过“核聚变”筹集资金。在这里，政府的投融资平台建设是非常重要的一环。我们的生产资料几乎全部掌握在政府手中，个人和企业是很难支配的。政府可以让资源资产化，让资产证券化，使“死”的资源变成“活”的资金。我们再通过聚集时间和空间两个维度，金融就可以产生“核聚变”作用，钱从哪里来的问题就可以很快解决了。

再从钱的运用来看，可以通过担保基金、产业基金和风险基金发挥其杠杆作用，使资金发生“核裂变”的作用，这就可以在实体经济部分产生巨大的“核爆炸”。可以通过宏观资产负债表对这种“核能源”进行适当的配置和调控，使其可以在不发生系统性风险的前提下推动经济的发展。

如果按照这种思路来管理金融风险、发展经济，我们的工作不就可以“更上一层楼”了吗？

到目前为止，我们全面系统地介绍并分析了“叶氏五问”。第一问是针对“钱是什么”，即“资源配置方式论”；第二问是针对“钱从哪里来”，即“核聚变论”；第三问是针对“钱往哪里去”，即“核裂变论”；第四问是针对“钱的风险如何控制”，即“缺口管理论”；第五问是针对“钱的作用如何充分发挥”，即“核爆炸论”或“大推进论”。有了这五问和五论，我们基本上可以抓住宏观金融工程在区域经济应用中的关键。将这五问和五论应用于县域和市域金融工程，就构成了每一个地方具有针对性和操作性的实施方案了。

在这里有必要强调一下速度和质量的关系问题。速度和质量既有相互矛盾和排斥的一面，亦有相互依存和相互转化的一面。我们在这里讲的经济发展速度是以控制风险和保护生态环境为前提的速度。它倡导的是“绿色金融工程”，而不是以生态环境破坏为代价的“灰色金融工程”。它是以金融普惠制为宗旨的社会和谐发展速度，而不是形成显著贫富差距的速度。

总而言之，这是速度和质量相一致而不是相背离的金融工程。我们既不能牺牲质量来换取速度，也不能牺牲速度来得到质量，二者是完全可以统一起来的！我们需要运用金融创新来推进速度和质量，而不能因强调质量放慢本来可以更快的发展速度！

2018 年 1 月 14 日于珞珈山

思想篇

有中可以生无吗？

“钱从哪里来”篇解释了金融可以“无中生有”，在这一篇中，我们要反过来提问并予以回答。

的确，有中可以生无。“有中生无”不就是金融风险吗？

我们所要问的第一个问题是：为什么会“有中生无”呢？

有与无的关系在哲学上是一对矛盾。在老子的思想体系中，“无”可以用“○”来表示，“有”可以用“一”或者“·”来表示。按照对立统一的哲学观点，“○”和“一”在一定的条件下是可以相互转化的。

接下来，我们要问的第二个问题是：这一定的条件到底是什么样的呢？

因为我们面对的是金融问题，所以还是要回到金融中来找答案。我们在前面说过，所谓金融就是借钱，问题的关键不在于是否能借到钱，而在于是否能还钱。

如何才能做到还得起钱呢？那就是在使用这笔钱后，它所能带来的回报可以超过借钱的成本。我们把这称为无套利分析，即收益率 R 必须等于无风险利率 r。

借一笔钱就像栽一棵桃树，桃树所带来的回报 R 起码要等于成本 r，这个 r 就相当于还本付息。如果超过了就是自己赚了，就可以“无中生有”了。如果低了就要亏损了，就是“有中生无”了。

可见，这个 $R=r$ 是问题的关键。$R>r$ 就是“无中生有”；$R<r$ 就是“有中生无”。这不就是我们所要寻找的那个一定的条件吗？

我们现在把控制住风险称为守住底线。

什么是底线？底线应该就是 $R=r$ 这个条件。底线就是不能亏损，就是要赚钱。赚钱才是硬道理，一切亏损的理由都会在它面前显得苍白无力，并且很快就会不攻自破！

干企业和经济工作的或多或少都接触过经济学。经济学有一个基本的方法叫作成本收益法，说的就是这个道理。

但我们在宏观经济管理领域所出的大问题往往就是缘于没有用好这个方法。政府直接干了很多项目，但大都没有很好地算账，没有让收益超过成本，这就造成了亏损，形成“有中生无”的宏观金融风险或系统性金融风险，或者叫作地方债务风险。

我们最后要问的第三个问题是：如何将“有中生无”变成“无中生有”？这也就是如何控制金融风险的问题。政府的债务风险现在已经是既成事实了，问题在于如何化解？

我们的口号就是“冲破封锁线”。封锁线不就是 $R=r$ 这条底线吗？之所以存在政府债务风险，是因为政府长期用钱不算账，从这条线的上面跌落到下面去了。我们现在要从这条线的下面冲上去。冲上去了，债务风险就化解了。

到底用什么办法能够让政府冲破这条封锁线呢？还得要用金融去解决财政问题。金融就是借钱，借钱才是最终选择的路径。但仅仅借钱是不够的，借的钱必须用来赚钱，否则又会走过去的老路，又会回到封锁线之下，又会成为“有中生无”了，债务风险不仅解决不了，而且还会扩大！

由此看来，金融世界是在不断地变化和发展着的，它不断从“〇”到“一”，又不断地从“一”到“〇”，循环往复，以至无穷。那么金融工程的经营之“道”在哪里呢？就是要抑制金融从“一”到“〇”，并且推动从“〇”到“一”。换一句专业术语来说，就是要在控制风险的前提下，有效地配置金融资源，从而促进经济持续稳健发展。

2018 年 1 月 20 日于珞珈山

如何做到“无中生有”?

前面在谈论“无中生有”时，只强调了两个字，一是借，二是还，其实还有一个非常关键的字遗漏了，就是赚。如果做不到赚，借钱之后拿什么还呢?

本篇要进一步分析如何做到“无中生有”?就是要在借和还后面再仔细地琢磨赚字。

赚字背后的经济学方法就是成本收益法。成本收益法也就是金融经济学中的无套利分析，即上一篇所说的 $R=r$ 那一道封锁线，冲破了那道封锁线就赚，冲不过就亏，就从“一”走向“〇”去了。

如何冲破这道“封锁线”?

上一篇给大家讲过种桃树的故事。它不仅是针对个人和家庭而言的，也是针对企业、金融机构和政府而言的。

我们在建设中国金融工程学科的过程中，并没有完全照搬照抄国外那一套，而是将宏观和微观打通了。我们将金融工程划分为三个层次或叫三个组成部分，一是工具论，二是公司论，三是政府论。公司既包括企业也包括金融机构。工具、公司和政府都可以是“桃树”!种桃树就是在解决从“〇”到“一”和借、还、赚的问题。因为我们这里讲的是市场经济而不是自给自足的自然经济。

如何让种桃者赚呢?

一是做减法。减法就是企业管理中常用的成本控制法。假定一个桃子在市场上的销售价格为10元，种桃子的成本也是10元，那如何赚钱？如果将成本控制在8元，然后实行倒逼机制，将这个成本指标分解到各个生产环节，控制了成本就是增加了收益，不就冲破封锁线了吗？

二是做加法。可以将种桃树的生产过程形成产业链，并将一、二、三产业打通。比如说建设万亩蜜桃种植基地，建设现代桃果深加工产业园，建立桃业资源交易中心等。拉长产业链并不是最终目的，还得在每一个环节中加上技术、人才和管理，以增加桃树产业的附加值。如此一来，不赚钱的不就赚钱了吗？赚钱的不就更赚钱了吗？

要赚多少呢？低于10元的成本就成功了，就冲破封锁线了，R就大于r了！也许还会有人问我：叶教授，我使尽了浑身的解数，还是无法将成本控制在10元以下，怎么办呢？

别忘了，这是在种桃树。桃树产业属于乡村振兴的主导产业。主导产业是需要政府扶持的。

成本超过了8元，达到了10元，这样便还不起银行的本息，政府给补上2元，这2元钱可以叫作贴息或者专项资金。不就可以还上银行的本息了吗？政府2元钱的“小钱”不就撬动了银行10元钱的“大钱”了吗？银行不就可以给贷款种树了吗？这叫作政府的“有形之手”与市场“无形之手”的结合，即产业金融工程。这种协同创新的做法，就可以让种桃者冲破封锁线，实现从“〇”到“一”，“无中生有”了！

一旦将政府的这种“有形之手”与企业和银行的“无形之手”结合起来，“桃树产业金融工程”就不仅用上了“减法”“加法”，还用上了“乘法”。这“三法”捆绑在一起运用，就变成“速成法”了，就变常态增长为非常态增长了。这不就是发展经济学所说的“大推进”式的增长理论和发展理论吗？不就“无中生有”了吗？

2018年1月27日于珞珈山

对立统一的探析

在前面主要讨论的是“有与无”的问题。在这个讨论的过程中，我们明白了“无中生有”和“有中生无”这两种变化趋势。这两种变化趋势是对立统一的。

除了有与无的关系外，这里还有几层意思要分析：一是有与无是相互对立的；二是有与无也是相互统一和依存的；三是有与无在一定的条件下是相互转化的；四是有与无的对立统一是有一个度的。

从经济学来看，有政府干预与市场经济的关系问题，先把这个问题叫作混合经济问题。有供求平衡的关系问题，总供给和总需求两侧都在发力，如果仅仅关注一侧往往是片面的。还有成本与收益的关系问题，地方债务风险存在就是因为这个问题没有处理好。

从金融学来看，金融市场同样存在资金的供求问题，我们不仅要解决资金的供给，还须解决资金的需求，特别是资金的有效需求。从融资结构上看，还有直接金融与间接金融的关系问题。

从金融工程学来看，有金融与经济的关系问题，有微观金融工程与宏观金融工程的关系问题，还有金融创新与风险控制的关系问题，以及政府金融资源与市场金融资源综合配置的问题。

以上这四对矛盾是金融工程需要解决的主要矛盾。这几个对立统一的问题解决好了，基本上就可马到成功了。

这四对矛盾中的每一对都有一个度要把握。度不是一种刻板的尺度，而是事物在变化过程中所需要的转化条件和难易程度。

这几对矛盾抓住了、解决了，金融工程的作用基本上就可以发挥出来了。

那么，如何解决这四对矛盾呢？

从第一对矛盾来看，要编制金融工程的实施方案。从第二对矛盾来看，要以直接金融作为突破口，特别是以区域性股权交易市场作为突破口。从第三对矛盾来看，要将金融创新与风险控制一起抓。在金融创新方面，我们搞了股权质押，在风险控制方面，我们建立了担保体系。从第四对矛盾来看，搞政府产业引导基金。

将上面的主要措施梳理一下，我们就有了：

（1）编制金融工程规划。

（2）企业股改挂牌上市。

（3）银行股权质押融资。

（4）政府产业引导基金。

（5）融资担保。

有了这样的五大举措，金融工程不就有了针对性和操作性了吗？县域金融工程的“通山模式”不就是这样干下来的吗？市域金融工程的“黄冈模式”不就是这样干下来的吗？抓住了主要矛盾，次要矛盾也就迎刃而解了！

2018 年 1 月 27 日于珞珈山

论一般性与特殊性

我们从有与无的哲学关系出发，谈到了对立统一，现在开始说金融工程的一般性与特殊性问题。在上面的讨论过程中，分析了金融工程所要解决的一般性问题，现在来分析特殊性问题。

金融工程既有一般性也有特殊性，这是在任何地方实施金融工程都回避不了的现实。这在哲学层面上是一般性和特殊性的关系问题。那么，从经济学角度看，难道不是经济学的一般原理要与每一个国家的特殊情况相结合吗？

这个世界既有发达国家，也有发展中国家，谁都面临着经济增长的要求，但是发展中国家具有二元经济的特点。这种特点不就注定了在解决这些国家的问题时，要有不同于发达国家的解决思路吗？

我们从经济学的分析进入金融学的分析。全世界都面临着用金融驱动经济发展的战略选择，但是各个国家和地区的金融现状又有着很大的区别。美国金融市场特别是资本市场高度发达，甚至鼓捣过头了，整出了国际金融危机。但中国呢？过去主要是银行体系起支配作用，资本市场只是处在起步阶段，离正常的发展阶段还差得远呢！中国的特殊性就在于金融结构有问题，资本市场发展不充分，需要大力发展多层次资本市场，特别是发展区域性股权交易市场。

我们再从金融学的分析进入金融工程特别是中国金融工程的分析上

来。我们这些年花了很大的气力在全国实施县域和市域金融工程，运用金融工程的原理和方法真刀真枪地解决现实问题。但是各地的现实问题既有一般性又有特殊性。各地金融和经济的一般性在哪里呢？

各地的县域和市域都具有二元经济的特征，这是它们的一般性特征。资金流失、中小微企业融资难融资贵，还有资本市场欠发达等问题都是一般性问题。

正因为具有这种一般性，在各个地方实施金融工程的过程中，有些金融工程措施或者金融工具的选择和运用便具有普遍性了，可以发挥很大的作用。

拿我们在湖北省的示范工程来说，有县域金融工程的“通山模式”和大别山金融工程的“黄冈模式”。在这些模式中，都编制了金融工程实施方案，都搞了企业股改挂牌、银行金融创新、产业金融工程及政府资源综合配置。这些重大举措几乎在中国的每一个县域和市域都可以发挥强大的推动作用。

但是对于通山和黄冈来说，这两个地方都有着自己的特殊性。通山和黄冈都是中国的贫困地区，因此，在设计和实施金融工程时一定不能没有扶贫金融工程。还有从产业上来看，这些地方由于传统农业产业占比较大，因此少不了农业产业金融工程，等等。

讨论一般性与特殊性的关系是在“为道”，讨论金融工程实施方案是在“为器”。道与器或者叫作道与术并不是分离的，道中有术，术中有道。

原来世界是这样丰富多彩，原来我们的生活是这样幸福和美好，原来我们的金融工程可以这样去运用和创造……

2018年1月29日于东湖

再论一般性与特殊性

前面已经谈过一般性与特殊性的关系问题，总觉得意犹未尽，还想谈一谈它们之间相互转化的问题。我们先是从书本或课堂上学到一般，或者叫作原理、方法、理论。然后再从一般到特殊，到实践中去，将所学的理论运用于实践，并在实践中不断加深对理论的理解，不断地丰富和完善理论。“读万卷书，行万里路”说的大抵就是这个意思。

由一般到特殊，再由特殊到一般，循环往复，以至无穷，这是第一条路径。还有第二条路径，即先从特殊到一般，再从一般到特殊。从一般到特殊称之为演绎法，而从特殊到一般则称之为归纳法。演绎法和归纳法相互使用，互相转化，形成一个接一个的循环。

县域和市域金融工程也是这样发展过来的，并在不断循环。我们在完成了教育部重大攻关研究项目“宏观金融工程研究”后，形成“一般”的理论体系，然后选择通山县和黄冈市作为示范，用理论去解决“特殊”的实际问题。在解决实际问题的过程中，再进一步完善理论体系。到目前为止，我们已经在湖北省 103 个市、区、县全面实施金融工程，但这个过程只是一个开始，还需要进一步推广到全国各省，并且在推广的过程中不断完善。

每一个市、区、县所面临的情况都有很大差别，这是特殊性。在更多地方实施了金融工程后，又不断地总结一般性，不断地修改和完善我们的理论体系和实施方案。

毛泽东同志将这种方法称为“从群众中来，到群众中去”，或者称为“从实践中来，到实践中去”。我们在实施金融工程的过程中，不断地深化着对于这些理论和方法的认识与理解。

金融工程的“叶氏五问”就是这样得来的，先是有了一问，即“钱是什么”，这一问解决大家解放思想的问题。后来在实施湖北省十堰市金融工程的过程中，有了“李翔三问”。再到后来在东北实施松花江金融工程，我想到了第五问。有了这五问，在研究和实施金融工程的过程中，就找到了一把“金钥匙”，就可以登堂入室走向金融工程的殿堂深处了！

2018 年 1 月 3 日于东莞

经济与金融的作用与反作用

我们常常说“经济决定金融”和“金融反作用于经济”，但是往往在实际工作中忘记了后一句话，而片面强调第一句。而金融工程强调的恰恰是第二句，不仅强调反作用，而且要充分地发挥这种反作用。

如何看出在实际工作忘记了这种关系和反作用了呢？

当我们走进地方政府时，如果调研以下一些问题，领导一般是很难回答出来的：

（1）你们制定经济发展指标时，依据是什么？

（2）你们要实现一元钱的 GDP 需要多少元的资金投入？

（3）你们需要的资金投入存在缺口吗？如果有缺口，有多大？

（4）你们如何填平这种缺口？

这些问题回答不出来说明领导干部在抓经济工作时缺乏对金融与经济关系的深刻认识，往往只是从表面上知道金融对经济重要。到底重要到什么程度？如何用金融将经济推进到它所能达到的目标？领导干部对这些问题往往缺乏更为深入的研究和思考。

因此，很多地方的经济工作往往只有经济发展规划和产业发展规划，而看不到金融发展规划。即使有金融发展规划，往往也看不到如何用金融去推动经济发展的规划。金融规划和经济规划成为“两张皮”，这就是我们所说的“两张皮金融现象”。

要将这“两张皮”变成“一张皮”，就要研究金融如何驱动经济发展。这正是金融工程所要回答的一个重要问题。

这个问题在西方的金融工程中是看不到的，因为那里只是微观金融工程，只有金融创新本身的运动，充其量只是满足了个人、企业和金融部分的需求。在宏观金融工程中要解决的是金融对经济的驱动作用。我们不仅要进行金融创新，还要用金融创新去做大经济发展这个“蛋糕”，并且要让这个“蛋糕”有一个合理的分配。这些在西方的微观金融工程中是寻找不到的。

正因为如此，我们要在中国的土地上，率先去创造宏观金融工程这一崭新的研究领域，并且将这一理念运用于中国的经济实践，在实践中去实施县域和市域金融工程等。

在实践金融工程的过程中，一定会去研究金融与经济之间的关系，并在这种深入研究的基础上，制定出我们的金融工程实施方案。这种实施方案一定会有切实有效的举措。在这些举措中，我们一定会使用“金融工具箱”，亮出“金融利器”，实现各种经济发展目标和任务。

如果每一个县域和市域都这样去做了，我们的经济管理就会提高到一个新的水平，经济发展就会冲上一个新的台阶……

2018 年 2 月 1 日于东莞

借、还、赚的“三字经”

能不能找出一句让大家忘不掉的话来刻画金融工程之“道”呢？这句话能不能越简单越好呢？也许就是“无中生有”这四个字吧！因为在前面已经讲过，金融工程之“道”就是一种“无中生有”的经营之道。并且，我们在讲解金融工程如何做到“无中生有”时，给了大家借、还、赚的“三字经”。而且将赚字放在后面进行了反复的论证和强调。

如何才能赚呢？我们的回答是“冲破封锁线”，这条封锁线就是 $R=r$，就是经济学中的成本收益法和金融经济学中的无套利分析，到了金融工程中就是套利活动了。金融工程学并不只是一种理论分析的工具，不仅要“坐着谈”，而且要“起来行”。“起来行”就是要冲破封锁线！

然而，还要问一个问题：是从线下往上冲，还是从线上往下冲呢？正确的回答应该是：既可以从线下往上冲，也可以从线上往下冲！

在这里先给大家讲一个茶杯理论的故事吧！

有一年，我到学校财务部门交纳个人所得税，排队的人很多。我几乎排了一下午的队，然而刚刚排到我时，财务人员却告诉大家，电脑死机了，需要明天再来！

正当我准备离开时，有一名财务人员把我拉到一边，悄悄地告诉我：“叶老师，您先找个地方休息一下，待会儿机子恢复了我就先给您办理，省得您明天再来！”

我瞪大眼睛看着他，简直不敢相信他说的话。他给我解释说：“叶老师，我是你们经济与管理学院毕业的MBA学员，您给我们上过课的。这么多年过去了，我还记得您那时候给我们讲的茶杯理论呢？”

哦，原来是这样的！我乐了，真想不到那茶杯理论还有这么大的作用，居然可以节省我的缴费时间！这一幕更坚定了我给学生讲授茶杯理论的信心和力量！

后来，我只要给学生讲金融工程课，就一定不忘记讲茶杯理论！我实际上是在用茶杯讲无套利分析和套利活动，因为这样讲下来道理浅显，谁都可以理解也可以记住！

首先假定我手中拿着的茶杯现货价格为1元钱，市场上一年期的远期价格为1.2元，并且假定金融市场上的资金成本为年化利率10%，即借1元钱一年后的本息为1.1元。为什么远期价格是1.2元？因为套利成本为1.1元，如果远期价格也是1.1元，那么成本和收益就相等了，就无利可套了！二者的差价就是套利机会，套利的一个基本方法就是低价进、高价出，或者反过来，高价出、低价进。前者类似于多头交易，后者类似于空头交易。

这个问题还没有完呢！这里的封锁线是1.1元，就是$R=r$的1.1元。套利活动是如何冲破这道封锁线的呢？是由下往上冲还是由上往下冲呢？

在上面所讲的茶杯理论中，显然是要由上往下冲的。买进茶杯的成本是1.1元，而远期价格为1.2元。做远期的空头交易，即以1.2元的价格卖出，而以1.1元的成本买入，差价就是0.1元钱了。

如果远期价格低于这道封锁线呢？比如远期价格为1元钱。就要反过来做远期的多头交易，即远期以1元钱的价格买进，而现货交易则做茶杯空头交易。可以将手中的茶杯先卖掉，将1元钱的销售收入存放在银行，到期收益为1.1元。1年后拿到这1.1元钱，用其中的1元钱远期交割买回茶杯，茶杯还是茶杯，但是赚取了0.1元的差价。如果当时手中没有茶杯怎么办？借一个不就有了，远期交割买进的茶杯还掉借来的茶杯，不就大功告成了吗？

这是做远期的买入，并做现货的卖出，正好与前面的方法相反。如果把前面的方法叫作由上向下冲破封锁线，在这里不就是由下向上冲破封锁线了吗？由此可见，在从事套利活动的过程中，既可以由上向下冲，也可以由下向上冲。到底怎么冲关键要看 R 与 r 谁大一些。记住“低价进，高价出”就行了。

我们讲了这么多茶杯理论，但是县域和市域金融工程毕竟面对的不是茶杯呀！可是，不能把企业当成一个茶杯吗？不能把银行当作一个茶杯吗？不能把产业当作一个茶杯吗？不能把县域和市域也当作一个茶杯吗？只要这个茶杯的收益超过金融市场的成本，金融工程不就大功告成了吗？这里封锁线依然是 $R=r$，R 是资产收益，r 是无风险成本。在宏观金融工程中，只要资产的收益超过了金融市场的成本就成功了，就可以在金融市场上去融资了，就可以达到“无中生有”的目的了！

在宏观金融工程中，尽管从理论上讲可向上和向下两个方向去冲破封锁线，但我们强调的还是从下往上冲破封锁线，强调的是从 $R>r$ 上做文章！这个大出的差额是一种封锁线上的套利空间，我们不仅要发现这个套利空间，还要创造这个套利空间。这个道理在以后的章节中再详细分析，在这里要强调的是工匠精神、企业家精神以及做大做强企业和产业，提高收益率，而不鼓励企业家和政府离开自己的本业去倒腾资产，卖掉产业和资产去投机。

冲破封锁线的问题就分析到这里吧。珞珈山的山野上还留着片片残雪呢！一边走一边还可以看看风景！

2018 年 2 月 5 日于珞珈山

冲破封锁线

谈完了金融工程的“无中生有”和“三字经”，忽然发现还可以换一个角度来看“封锁线”，来加深我们对“封锁线”的理解。

在茶杯理论中谈封锁线时，将远期价格的 1.2 元与成本价格中的 1.1 元进行比较，来确定 $R=r$ 的封锁线。这是在用绝对价格来表达封锁线的意义，能不能运用相对价格即相对数的指标来表达其意义呢？这样做不是更符合 $R=r$ 的本来意义吗？

完全可以做到这点！

将茶杯交易的收益率与金融市场上的利率相比较就可以达到我们的目的。

还是假定茶杯的现货价格为 1 元，而远期价格为 1.2 元，金融市场上的年化利率为 10%，假定在现货市场买进，而在远期市场上卖出。

茶杯交易收益率 =（1.2−1）/1=20%，而表示金融市场成本的无风险利率 =10%，这即意味着 $R=20\%$，$r=10\%$，而 $R-r=10\%$，这就是套利所得。在这里，封锁线则为 10% 了，完全达到了我们的目的。

再来分析套利空间。将 R 与 r 的差额称为套利空间。当 $R>r$ 时，将其差额称为正套利空间，当 $R<r$ 时，称其为负套利空间。因此，在茶杯理论中，可以看到三种情况：一是无套利线，即 $R=r$；二是正套利空间，即 $R>r$；三是负套利空间，即 $R<r$。

金融工程的目的不仅是发现套利空间，而且是创造和扩大套利空间。并且，当茶杯变为企业时，金融工程就变成企业金融工程；当茶杯成为产业时，就有产业金融工程；当茶杯成为市域和县域时，就有县域和市域金融工程。茶杯是一种资产，企业、产业、县域和市域也是一种资产，从这个意义上来说，这些资产之间的“道”是可以相通的。

从宏观金融工程来说，主要关注宏观资产负债表中的宏观资产，要让宏观资产的资产收益率超过金融市场上的无风险收益率。当进入某一个县域或市域时，其资产收益率一般不在封锁线上，要么在线上（正套利空间），要么在线下（负套利空间）。

如果县域或市域的资产收益率处在负套利空间，那么该怎么办呢？很简单，就通过金融工程让它冲破封锁线，进入正套利空间。如果县域或市域的资产收益率处在正套利空间呢？那更好办，就扩大其正套利空间！

如果仅靠市场的“无形之手”仍然突破不了封锁线，那么还可以靠政府的“有形之手”。两只手握在一起不就可以更好地解决这个问题了吗？冲破封锁线就达到赚的目的了。能赚钱就能还了，能还就能借了，能借就能“无中生有”了！

谈完了套利空间的金融工程之“道”，我们在后面就多分析如何通过金融工程去创造套利空间，而不只是通过发现套利空间获得它了！

2018年2月5日于珞珈山

套　利

——金融工程的利器

套利与经济之间到底存在什么样的关系呢？我们知道，反映经济增长最重要的经济指标是国内生产总值（GDP）。这里首先需要回答套利与 GDP 之间的关系。

在茶杯理论中，套利就是从“〇”到“一”。“〇”与“一”之间的差额就是套利所赚，也就是所说的套利空间。套利空间用货币来计算价值，其实就是新增加的 GDP。原来套利的过程就是在创造 GDP 的过程。再想一想原来金融工程就是要通过套利活动创造 GDP 并推动经济稳健而又可持续发展。由此看来，要通过分析套利空间研究金融工程与经济的关系了。

前面的分析将套利空间划分为正套利空间和负套利空间。无论正套利空间还是负套利空间都可以进行套利，都是有所赚的，只是路径选择不一样。因此，既可以从下往上冲破封锁线，又可以从上往下冲破封锁线。

这里要做的不只是冲破封锁线，冲破封锁线只意味着有了套利空间，而没有说清楚套利空间的规模有多大。这里不仅要有，而且还要“有中生有”，让有的规模尽可能做大。

如何才能将套利空间的规模做大呢？可以循着两条路径来思考。一条是发现套利空间，另一条是创造套利空间。

什么是发现套利空间呢？只要用 $R=r$ 作为尺子，就可以量出产品、企业和产业等资产是否存在套利空间了。如果有套利空间，就可以运用金融工程的“三字经”将借的通道尽可能地拓宽。将借当作一个注射器，向实体经济尽可能多地注入金融血液，GDP 不就增长了吗？不就加快增长了吗？要知道 1 元钱的套利所赚，就是 1 元的 GDP 呀！

什么是创造套利空间呢？这意味着即使没有套利空间，也可以运用金融工程方法创造出来。

以茶杯企业为例，如果 1 只茶杯的收益率为 10%，而金融市场的利率也是 10%，那么 $R=r$，成本和收益是一样的，无利可图。这时发现不了套利空间，但是发现不了并不意味着创造不了。我们如何创造呢？

可以做减法来创造。可以利用企业理论中的成本控制法将成本压低到 1 元钱以下，这不就创造出套利空间来了吗？

可以做加法来创造。在茶杯生产中放进技术、人才和管理，产品质量就提升了，产品价格不就可以提高了吗？这不也创造出套利空间来了吗？

还可以接着做乘法来创造。之所以没有发现套利空间，是因为茶杯没有赚的空间，现在有了赚的空间，就可以大念金融工程的“三字经”了。从第一字念起，加大融资规模，扩大套利空间的规模，就实现了跨越式发展或者爆炸式增长，金融工程就可以使经济发展了。如果政府的“有形之手”产生作用来一起赚，这台戏不就更好看了吗？由此可见发现套利空间和创造套利空间这两条路径之间的关系。

写到这里，可以停下来喝点茶水了！拉开窗帘我见到了珞珈山林中的点点残雪。太阳照在林中，山坡上弥漫着春天的气息。金融工程的道也像这窗外的阳光一样照进林中，照亮着我们的眼睛和心灵……

2018 年 2 月 6 日于珞珈山

套利空间与产业金融工程

我们接下来要谈谈套利空间和产业金融工程的关系。为什么要谈产业金融工程？因为产业金融工程对于金融工程太重要了。

金融工程不仅要解决“钱从哪里来”的问题，而且要解决“钱往哪里去”的问题。在谈到“钱往哪里去”时，我们说过需要“两条腿走路”。一条腿是产业化，另一条腿是新型城镇化。在产业化、新型城镇化中，显然前者更为重要。产业化除了本身的发展需要之外，还可以促进和带动新型城镇化。正因为如此，无论实施县域金融工程还是市域金融工程，都必须把产业金融工程作为重大举措写进实施方案。

那么，到底产业金融工程与套利空间之间存在什么样的关系呢？简单地说，产业金融工程就是要作出并做大套利空间。

产业金融工程要解决产融结合的问题，要通过金融创新推动县域和市域的主导产业迅速发展。可以将产业看作一个大茶杯，所有的茶杯理论都可以派上用场。还是以茶杯产业为例，可以将当地的茶杯产业作为一个大资产，甚至有可能编出其资产负债表来。计算出该茶杯产业的资产收益率，并将它与金融机构提供的无风险利率进行比较。这不又回到了 $R=r$ 的封锁线上来了吗？由此可以看出该产业是否存在套利空间，它所在位置是正套利空间还是负套利空间。假定银行给它提供的融资利率为10%，而茶杯产业的收益率为8%，这便是负套利空间。如果银行利率为 10%，而茶杯产业的收益率为 20%，这便是正套利空间。

当茶杯产业处在负套利空间时，便通过金融工程让它冲破封锁线，变为正套利空间。当茶杯产业处在正套利空间时，便通过金融工程扩大它的正套利空间，让规模做得更大。

金融工程怎样通过各种金融创新冲破封锁线或者使套利空间更大呢？一般在县域和市域金融工程中采取如下一些措施。

（1）确定当地的主导产业。

（2）实施企业股份化。

（3）推动企业到区域性股权市场托管登记和挂牌。

（4）促进企业在区域性股权市场转板升级。

（5）银行开展股权质押融资。

（6）政府设立产业引导基金投资挂牌和上市企业。

（7）区域性股权市场为企业发行可转债。

（8）政府设立担保公司为股改企业增信。

（9）其他金融创新服务。

有了以上这些金融创新措施之后，当地的这些主导产业就可以很快地发展起来了。

在实施金融工程时，先设立区域板块，再设立特色产业板块，最后为每一个区域设立多个特色板块。茶杯产业可以这样去做，其他的产业也都可以这样去做。所有的产业换一个角度来看，不都是一个大茶杯吗？

由此可见，茶杯理论不仅对茶杯产品的交易适用，对茶杯企业和产业适用，对非茶杯产业同样适用！

产业金融工程与套利空间的关系就这样说清楚了。如果觉得还有些不太清楚的地方，那就只有在具体实施产业金融工程的过程中慢慢加深理解了！

2018 年 2 月 6 日于珞珈山

套利空间与新型城镇化建设

这一篇我们仍然要谈套利空间，但不再停留在产业金融工程领域，而是谈一谈套利空间与新型城镇化建设之间的关系。

首先要强调的一点是，新型城镇化是离不开产业化的，产业化是新型城镇化的前提。只有发展了产业，才有税收和就业，这两者是城镇化的条件，否则城镇化造出来的很有可能就是一座“鬼城”。

城镇化也需要运用产业化的方法来进行谋划。为什么要这样做？因为产业化是要算账的，要发现和创造套利空间，城镇化只有像这样去算账，去发现和创造套利空间，才有可能建设出来真正意义上的“新城”，而不是难以持续的“鬼城”。因此从方法上讲，产业金融工程的方法论也就是新型城镇化建设金融工程的方法论。

从地方政府来看，过去并没有少借钱，少花钱，但是在进行城镇化的过程中却没有很好地算账。地方政府并没有念好借、还、赚的“三字经”，而只是念到了借和还。由于没有赚，所以这个还字只能是“借新还旧”的还了，而不是赚钱来还。这就出现“陷阱”和“黑洞”，而且这种“陷阱”和“黑洞”越来越大。

由于过去有中央财政兜底，并且有土地财政支撑，地方政府并没有感到这是多大的问题。但是现在中央财政要地方财政丢掉幻想，让其不要指望中央财政兜底填“黑洞”，此外土地价格也不可能像过去那样高涨。这下地方政府就感到着急了，好在中央政府随后又给地方政府开了一道口子，叫作 PPP，即公私合营的融资方式。

但是，由于地方政府在这些城镇化的项目上并没有冲破封锁线，依然没有解决这些项目的商业模式问题，所以 PPP 又出现了很大的混乱，有不少地方政府依然走上变相借债的老路。

现在中央政府要严格整治这些混乱现象，划分在地方政府财政预算内的真正 PPP 项目与假 PPP 项目的界线。

真 PPP 项目好办，有财政预算兜底，借钱也容易，但是这些假 PPP 项目总不能关起门来不建设吧！这就是金融工程要干的事情了。金融工程中有一个重大举措就称为新型城镇化建设金融工程，就是要用借、还、赚三个字统领新型城镇化，而不是只要前面的借和还两个字。

在新型城镇化的过程中，无论是否是 PPP 项目，无论是否是真 PPP 项目，都必须发现和创造套利空间，否则就会形成"黑洞"，甚至会变本加厉地形成。由于过去地方政府没有算这个账，所以造成了巨大的浪费和损失，形成一个又一个的"黑洞"。地方政府不能再这样干下去了，要算套利空间的账。

前面说过，产业金融工程就是要算这种账，而我们的新型城镇化建设金融工程也一样。这二者除了相同之处，还有一些不同。我们要解决的关键问题全在运用加法、减法、乘法、除法和乘方来扩展套利空间。但是对于新型城镇化来说，五大方法中的乘法所起的作用可能更大一些。因为除了地方政府的财政支持之外，中央政府对于这些项目也有不少的专项支持，如 PPP 项目中的补贴、特色小镇建设的补助等。

从新型城镇化建设金融工程的具体措施来看，可以运用如下一些金融工具。

（1）PPP 融资方式。

（2）运用政府投融资平台公司化和市场化。

（3）政府投融资公司在多层次资本市场发行债券。

（4）设立新型城镇化建设产业投资体系。

（5）开办融资租赁业务。

（6）继续开展银行融资业务。

（7）继续开办各种保险业务。

（8）其他类型的金融服务。

总之，能不能形成套利空间并扩大套利空间将成为新型城镇化建设金融工程今后需要面对的主要问题。

有了产业金融工程和新型城镇化建设金融工程套利空间这两个强有力的金融翅膀，县域经济就可以起飞了，市域经济就可以起飞了，中国经济也就可以起飞了！

2018年2月8日于珞珈山

套利空间与扶贫金融工程

在这里还想谈谈套利空间与扶贫金融工程的关系。

“叶氏五问”中有一个问题叫作“钱往哪里去”，在论述这个问题时有了两条腿理论。“两条腿”指产业金融工程与新型城镇化建设金融工程，它们再加上扶贫金融工程就形成了三叉戟理论。

在 2020 年以前实现中国所有贫困地区和贫困人口的脱贫致富是中共中央对全国人民发出的号令。我们提出的口号叫作“精准扶贫，不落一人”。县域金融工程的第一个示范点湖北省通山县是省级贫困县。从 2014 年春天开始，湖北省黄冈市实施大别山金融工程（大别山是中国最大的贫困片区）。选择通山县和黄冈市作为金融工程示范的目标就是要用金融工程去解决贫困化的问题。

中国的贫困地区和贫困人口恰恰就在县域和市域，因此县域和市域金融工程方案的设计与实施往往就离不开扶贫金融工程这一重要举措。

从经济学上讲，扶贫就是一个反贫困化的问题，而反贫困化问题长期以来就是经济学的一个目标。因为经济学不仅要解决如何做大“蛋糕”的问题，还要解决“蛋糕”的分配问题。然而令人遗憾的是这个问题长期没有得到很好的解决，全球如此。

为什么过去我们的政府扶贫没有少花钱，但是效果一直不理想呢？这是因为过去的扶贫模式只是单一的财政扶贫模式，而且这种财政的扶贫资金仅直接送到贫困地区和贫困者手中，这是一种输血式的扶贫模式，而不是一种具有综合性的造血式的扶贫模式，结果愈是扶贫愈是难以脱贫。

从金融工程的角度来看，这是政府的手使用不当的问题。政府直接将扶贫资金送给了贫困人口，并且资金直接进入了消费，并没有形成贫困人口的生产能力，因此，充其量只能解决眼前的一时之痛，而解决不了长期的发展问题。经济不发展，脱贫的问题就永远会是一个摆脱不了的阴影。

因此，扶贫工作应该将政府的手与市场的手结合起来运用。不仅要有财政扶贫，还要有金融扶贫、产业扶贫、教育扶贫、健康扶贫等，我们将这种扶贫模式称为综合扶贫金融工程。我们不仅提出这种模式，并在全国各地开展的金融工程中实施，效果十分明显。

具体来讲，这是一种什么样的模式呢？它和套利空间是一种什么样的关系呢？其实答案并不复杂。这种模式就是将政府手中的扶贫资金与政府其他资源整合起来，使其进入产业金融工程和新型城镇化建设金融工程，做大这两大工程的套利空间，然后再将套利空间这个“大蛋糕”以一个合理的比例分配给贫困者。

这种运作模式便使扶贫短期行为变成长期与短期结合的行为，使输血机制变成输血与造血相结合的机制，使单一模式变成单一与综合相结合的模式了。

在这种综合扶贫金融工程的示范过程中，还探索和创新了其中的金融扶贫措施，在设计扶贫金融工程时提出一种资本市场扶贫理念。具体来讲就是通过企业的股份化和挂牌上市来从根本上解决农村的贫困化问题。因为这些年在实施县域和市域金融工程的过程中，广大农村中一个非常严重的问题就是农民应有的生产资料并没有很好地进入分配过程。我们将农民称为农民工，是因为他们主要在靠劳动分配，而没有靠生产资料分配。如果农民的生产资料也能进入分配领域，不就可以从根本上拔掉“穷根”了吗？因此，可以通过企业股份化的方式农民将自己的土地经营权作为一种股权参与分配。

这样一来，无论是有劳动能力还是没有劳动能力的农民，其贫困化问题不都容易解决了吗？那些有劳动力的农民既可以凭自己的劳动能力挣钱，又可以凭土地经营权分红。而那些丧失了劳动能力的贫困户既可以得到民政部门的补助，又可以凭土地经营权分红。这不就从根本上解决了中国农村贫困化的问题了吗？

我们在设计综合扶贫金融工程方案时，还设计了一种名为企业包干制的扶贫模式，通过产业金融工程做大做强企业，同时将扶贫资金放进这些企业，让企业形成更大的套利空间，并且让这些企业“包干”该地区的贫困人口。这样在一个较短的时间内便可以从根本上解决脱贫致富的问题，效果是十分明显的。

要想使扶贫攻坚目标顺利落实，需要运用金融工程来做大套利空间，使贫困者能够分到更大的蛋糕，从根本上脱贫，这将是一个十分有效的路径选择。在实施这些扶贫金融工程时，主要采用了如下具体的措施（金融工具）。

（1）企业股份化。

（2）企业挂牌上市。

（3）扶贫产业金融工程。

（4）银行扶贫贷款。

（5）保险融资扶贫。

（6）其他金融扶贫措施。

可见，在运用套利空间这种金融工程思维方式来探讨扶贫攻坚战略时，我们完全可以提供一些有效的措施和方法。

贫困人口有福了！

2018 年 2 月 8 日于珞珈山

冲破银行业的封锁线

在实施金融工程的过程中，我们非常重视产业金融工程。因为无论对于一个国家还是一个地区，产业是极其重要的。一旦造成了产业空心化，国家和地区要想持续发展就很困难了。

谈到产业时，一定会谈到一、二、三产业的联结和比例。从大多数地方的情况来看，第三产业发展都比较薄弱。对于县域和市域来说，第三产业中的金融和科技产业又极其薄弱，而这两个产业的特殊性恰恰在于它们可以推动其他产业的发展。

在这两个产业的问题中，金融的问题又显得特别突出。对于地方政府来说，长期以来就很少把金融当作产业，在它们的理解中，金融那是“一行三会”的事情，往往认为地方政府派不上多大的用场。这是一种极其错误的想法。金融不仅是一种产业，而且是一种极其特殊的产业。它不仅可以为地方政府带来税收，而且能够推动主导产业的迅速发展。金融这个产业不仅有银行，还有各种各样的金融机构和金融市场。

以银行业为例说明金融产业的重要性，并且说明套利空间和金融产业之间的关系。在回答钱从哪里来这一问题时，主要强调了政府的作用，但是如果仔细分析这个问题就会发现，钱无论如何也离不开金融机构和金融市场，特别是在这里需要着重分析的商业银行。

金融产业也是产业，产业金融工程一般原理在这里也是适用的，所以同样可以用在这里来分析金融产业和套利空间之间的关系。

金融产业的“任督二脉”是银行业和证券业，它的“奇经八脉”还有不少其他金融机构和市场。在金融产业的“任督二脉”中，银行业占据主导地位。在实施金融工程的过程中，银行业同样必须念借、还、赚的“三字经”。银行业对“钱从哪里来”问题的回答是：“钱从我而来！”

像其他产业一样，银行业的钱也是借来的。借来的钱一样需要还，不仅要还，也需要赚。如果不赚，拿什么还呢？银行业在这里与生产行业不同的地方在于它将钱借来之后，不是自己在用，而是贷放给了生产企业用。只有生产企业还给了它，它才有可能还给资金提供者，否则就形成了不良资产，这叫作信贷风险。银行业必须时时刻刻盯住这种金融风险。可见生产行业是靠自己生产出产品来赚，而银行业是靠它的资金投放对象来赚。

我们在这里要分析银行业是如何在控制信贷风险的前提下赚的。换句话说，要分析银行业是如何冲破封锁线而创造出自己的套利空间的。

银行业现在普遍实行经济资本管理体系。在此体系中，银行业将收益与金融市场的资金成本进行分析和比较。银行业同样使用 $R=r$ 这条套利线，只不过在这个 r 中加上了一个风险成本，这个风险成本也称之为风险溢价。银行业真正的成本是扣除了无风险利率和风险溢价后的成本。$R=r$ 所得的套利称之为调整风险后的收益，这种收益乘以银行业的资产规模就形成了银行业的套利空间。而这种风险溢价所形成的资本则称为经济资本。这种体现金融风险的经济资本是需要付出必要成本的，扣除这种成本的套利空间称之为经济增加值。只有经济增加值才是银行业的套利空间，才是银行业贡献的 GDP。这就是银行业金融工程的基本原理。然而，在实施县域和市域银行业金融工程时，要采用哪些金融工具呢？

（1）银行股权质押融资。

（2）银行投贷联动。

（3）银行在银行间市场发债券。

（4）银行业与保险业的商业信用保险联动。

（5）银行业利用其控股集团旗下的其他业务进行协同创新。

（6）其他金融创新活动。

在实施金融工程时，将这些银行业的金融工具列入金融机构创新工程。银行业可以作出这么多的选择，金融业还有那么多的金融业务和服务，难道还解决不了“钱从哪里来”的问题吗？万一解决不了，可别忘了还有政府的“有形之手”。除了银行业和企业的“二人转”之外，还有政府参与的“三人转”，以及其他机构参与的“多人转”呢！

银行业的金融工程不就这样进入了一起创造套利空间的伟大行列了吗？

2018年2月8日于珞珈山

套利空间与质量

关于套利空间的问题，总有些话还没有说透和说够。这一篇需要强调的是套利空间与质量的关系。套利空间其实就是质量与速度相统一的 GDP，是一个经济发展问题。经济发展本身就要求将速度与质量统一起来，经济发展等于增长加上人们的生活质量。我们所说的质量最终是指人的生活质量，指人民日益增长的美好生活需要。因此从这个意义上讲，套利空间所带来的 GDP 不仅是增长意义上的，而且是发展意义上的。

这种 GDP 解决了金融风险控制的问题，因为它是以金融工程的“三字经”为前提，其中还字就包括对风险的控制。金融工程还有一个经济资本管理体系的分析，这里所讲的经济增加值就是一个以控制风险为前提的 GDP 概念。

这种 GDP 解决了金融普惠的问题，因为我们放进了扶贫金融工程。

这种 GDP 解决了环境污染的问题，因为我们在实施产业金融工程和新型城镇化建设金融工程时，放进了绿色金融工程。

这不就是十九大报告提出的三大攻坚战吗？此外，套利空间所带来 GDP 中还有科技金融工程和区域金融工程的元素。这不是在进一步落实创新、协调、绿色、开放、共享的新发展理念吗？

为什么要在这里强调新发展理念的套利空间和 GDP 呢？因为我们

觉得不少人对于经济发展速度和质量的认识并没有真正搞清楚，存在着很大的误区。这些人片面地理解十九大报告中关于速度和质量的论述，以为鱼和熊掌一定是不可兼得的，认为要质量就一定会损失速度。但是按照我们的金融工程原理，这种想法具有很大缺陷。要知道，速度和质量是对立也是统一的。鱼和熊掌既有不可兼得的时候，也有可兼得的时候。在历史长河中，我们的祖先早就知道鱼和羊可以为鲜，为什么鱼和熊掌就不能形成美味呢？我们的金融工程正是要做出这种“鱼和熊掌形成的美味”，并且要在每一个县域和市域都做出来！

为了使套利空间不仅形成增长的GDP，而且成为发展的GDP，要采取以下措施。

（1）用金融风险管理体系建设金融工程，这就使GDP变成“红色GDP”了，因为在这种GDP的形成过程中，设计了金融风险预警体系。

（2）建设绿色金融工程，形成“绿色GDP”。

（3）建设产业金融工程，形成可以构成共享社会的GDP。

因此，在制订金融工程实施方案的过程中，如果放进了这些重要措施，那么速度和质量就完全统一起来了，鱼和熊掌不就兼得了吗？

2018年2月10日于珞珈山

如何做到“1+1＞2”？

这本书写着写着，我还想谈谈县域与市域金融工程之间的关系。本书论述的金融工程主要是宏观金融工程。宏观金融工程研究的是金融与经济之间的关系，它是研究如何用金融去驱动经济发展的系统工程。因此，宏观金融工程是一种战略工程，是一种顶层设计的工程。

既然是系统工程，那么就离不开系统论、信息论、控制论，离不开工程化思维的方法论。系统论的理论中有一个贝塔朗菲定理，叫作“整体大于部分之和”，即著名的“1+1>2”的表达式。“1+1>2”的问题不就是“二生三”的问题吗？

如何做到“1+1>2”呢？这与系统设计有很大的关系。设计得好，“1+1>2”；设计得不好，系统不仅不会出现“1+1>2”的情况，而且还会产生“1+1<2”的结果。

在前面谈及县域和市域经济时，曾经描述过一种乡村金融现象，指中国县域和市域的资金流失。为什么资金流失？因为有金融风险，金融机构不愿发放贷款。为什么有金融风险？因为过去仅仅有银行和企业在唱“二人转”。如果把政府拉进来唱“三人转”，这个问题不就好办多了吗？如果把个人、资本市场拉进来形成“多人转”，就可以解决银行的后顾之忧了，资金流失现象就可以消除了。

这种“多人转”的设计叫协同或者协同金融创新。大家听过成吉思汗的母亲《一把筷子》的故事，也有人将这个故事编写为《一把箭》，说的就是这个道理。

有了这个协同金融创新，就可以做到“1+1>2”了。在实施金融工程的过程中，可以采取以下一些措施来达到协同的效果。

（1）企业股份化的过程中，让农民以土地承包经营权入股。

（2）银行对企业实行股权质押融资贷款。

（3）政府的担保公司对企业增信。

（4）政府的担保体系实行省域、市域和县域三级联动。

（5）政府提供产业引导基金。

有了以上这些互相联系、互相支持的组合拳，就形成了一个强有力的协同金融创新体系。

这种设计一旦进入金融工程实施方案，就可解决银行的金融风险问题，就可以克服长期存在的乡村金融现象。钱留下了，经济不就很快发展了吗？留下来的每一元钱都可以创造出 GDP 呀！

2018 年 2 月 10 日于珞珈山

谈谈宏观资产负债表

珞珈山的残雪快要化净了。

从北方到南方来过冬的鸟儿们高兴极了，因为校园的香樟树上的籽粒儿是它们取之不尽的美味佳肴。鸟儿们一边在树上啄着，一边欢歌笑语！从鸟儿歌唱的林子穿过，我又回到湖畔的办公室，继续写作金融工程之“道”。

在讲金融工程时，经常讲到一个概念，叫作宏观资产负债表。这个概念是我们根据中国的实际经济情况提出来的。

这个概念的提出首先要感谢美国人。美国人在世界上第一次提出金融工程和国家主权资产负债表的概念，这是美国人对全球的贡献。我们根据中国金融工程学科发展的需要和金融结构的现状，提出了宏观金融工程的概念。美国人说的是微观金融工程，我们的学科发展与经济建设不仅需要微观金融工程，而且需要宏观金融工程，需要宏观与微观统一的金融工程。我们不仅需要国家主权负债表，而且需要宏观资产负债表。

宏观资产负债表不同于国家主权资产负债表的地方在于不只是要用它分析国家层面的系统性风险，而且要用它分析整个宏观经济及其任何一个组成部分的系统性风险。

将国家主权资产负债表拓展为宏观资产负债表之后，就建立了宏观经济学与金融学的联系和宏观经济学的微观基础了。对宏观经济的任何一个地区、产业或部门，都可以编制出宏观资产负债表，所有微观的财务分析都可以登堂入室，进入宏观经济分析了！

宏观资产负债表可以划分为中央资产负债表和地方资产负债表。

对于地方政府来说，不仅要克服经济发展的短板，还得守住经济发展的底线。什么是底线？底线就是系统性风险，就是宏观资产负债表上所揭示的宏观风险。

宏观资产负债表不只一张，而是四张。地方政府作为一个大政府来看有四个部分，包括政府、金融、企业和个人，由此可以编出四种宏观资产负债表来。这四种宏观资产负债表的作用可大呢！

首先，我们来看政府的宏观资产负债表。政府的宏观资产负债表不出问题，地方的宏观经济就不会出现大的问题。地方政府在宏观资产负债表中的净资产可以成为金融工程实施过程的发动机，因为可以用它作为杠杆去撬动整个金融市场，让金融为实体经济服务。有人会问，这个净资产小了怎么办？小了难道就不能再变成大吗？在中国，所有生产资料都掌握在政府手中，从理论上讲，政府可以将它们装进自己的平台公司并将这些公司市场化。这个小不就变成大了吗？用这个大再去撬动金融机构，大不就变得更大了吗？这意味着领导在管理地方经济发展的过程中，真正缺少的并不是钱，而是“道”（思路）。这就是我们平时所说的“思路决定出路”。一张政府的宏观资产负债表就可以发挥这么大的作用，要是四张表一起发挥作用，政府的“有形之手”和市场的“无形之手”不就真正握在一起了吗？

有了另外三张表，不仅政府不出问题，企业、金融和个人这三个部分也可以不出问题。这样就守住了底线，就可以稳健地发展经济了。然而要提醒大家的是，在县域和市域金融工程的实施进程中，这个工作才刚刚开始呢，它的潜力还大着呢！

醒来吧，宏观资产负债表！

如果真的懂了宏观资产负债表的作用，在制定金融工程方案确定领导小组成员时，不仅要请金融局和财政局，还要请统计局。统计局不到场，这些宏观资产负债表无法编制。

2018 年 2 月 11 日于珞珈山

实践篇

当大别山遇见了通山

我们的金融工程在完成了国家重大攻关项目的理论研究后，又启动了在中国大地上的应用研究和示范。

2012 年我们从县域金融工程开始，选择了通山县作为第一个示范。该示范取得成效后，湖北省委省政府将该示范的做法推行到了全省范围。2014 年春，我们选择湖北省黄冈市作为市域金融工程的第一个示范。黄冈市的市域工程称之为大别山金融工程，这是因为大别山区是中国的革命老区，也是最大的贫困地区。选择该市作为示范，是希望能够运用金融工程的原理和方法去解决老区人民脱贫致富的问题，并以此作为典范推行到整个大别山区，甚至全国各地。

这个工程首先落户黄冈市，要感谢时任市长陈安丽。2013 年年底，我们武汉大学经济系七九级的同学举办了一次“毕业三十年纪念”的活动。举办座谈会时，我们班的同学一致特邀陈安丽参加，没想到她居然非常爽快地答应了！陈安丽也是我们武汉大学的校友，我们在经济系，她在图书情报学系。

在这次座谈会期间，我们抓住机会向她介绍了通山县域金融工程的情况，并向她建议最好能在黄冈示范市域金融工程。她在认真听取意见后告诉我们：“这件事我觉得值得一做，但我得回黄冈后在领导班子里商量一下再回复你们。”

没想到陈安丽市长回黄冈后行动非常迅速！她马上带领市政府一批主要负责同志来武汉大学中国金融工程与风险管理研究中心调研，并派所辖市县和主要部门的负责同志亲自去通山县进行实地考察，而且很快召开了全市大别山金融工程动员大会。

在 2014 年 2 月 26 日的动员大会上，武汉大学中国金融工程与风险管理研究中心同黄冈市人民政府签订了大别山金融工程协议。从此，在黄冈的这片土地上，我们第一次吹响了大别山金融工程的号角。

下面是我在一次大别山金融工程推进会上的发言稿，可以让大家对大别山金融工程有更好的理解。

在黄冈大别山金融工程推进会上的报告

武汉大学中国金融工程与风险管理研究中心主任　叶永刚

一、推进黄冈大别山金融工程的意义

改革开放以来，中国经济经历了一段高速发展，不同区域间的经济一体化程度不断加深，竞争也日益激烈。黄冈市作为武汉城市圈的核心组成部分，面临着中部崛起战略、长江经济带开放开发以及大别山革命老区扶贫开发等多项政策叠加，同时拥有得天独厚的区位及资源优势，发展机遇良好。但另一方面，黄冈市金融体系不够完善，融资结构不合理，金融资源配置不足，金融对实体经济发展的支持力度不够，导致不能充分发挥当地的资源优势，在一定程度上制约了黄冈市经济的发展。因此，研究黄冈市经济金融发展现状，探索运用金融手段科学合理配置相关资源，促进黄冈市经济的跨越式发展，是当前极为重要而具有深远意义的任务。

2014 年年初，陈安丽市长亲临武大寻求智力支持，市政府金融办同武大经管学院进行对接。2 月 26 日，湖北省人民政府在黄冈市举办金融支持湖北经济暨黄冈大别山试验区振兴发展银企对接推进会，黄冈市金融办在会上同武汉大学中国金融工程与风险管理研究中心签订了大别山

金融工程项目协议。2014 年 3 月至 10 月，武汉大学经管学院的团队多次会同市金融办对黄冈市及辖内各县区进行调研，通过实地考察研究，制定了《黄冈大别山金融工程规划研究、设计与实施》方案，旨在运用宏观金融工程的理论思想和技术手段，在国家宏观政策和省市级政府的共同支持下，通过切实合理的金融制度创新安排，协调政府与金融机构的角色定位，系统整合各种金融、财政与产业资源，协调政府与金融、经济发展的促进机构，构建符合黄冈市经济发展的特色金融体系。

黄冈大别山金融工程的基本思想是在控制区域宏观风险的前提下，运用工程化的思想手段，创造性地利用各种金融工具与金融手段有效配置资源，以促进经济跨越式发展，其实质是将黄冈市政府、中介机构、企业囊括在内的顶层设计。黄冈大别山金融工程的具体举措及取得良好成效的前提是各个参与主体解放思想，达成共识，在一个个统一的框架与体系下各司其职。我们今天举行黄冈大别山金融工程推进会的意义，就是要在思想上达成一致，在黄冈市委市政府的统一领导和协调下系统地开展工作。

金融工程率先在县域通山的实践试点已经成功，并在全省推广。黄冈市是全省最先启动金融工程实践的市级单位，走在全省前列，今天召开这样高规格、全局性的会议，强力推进，也是全省仅有的。黄冈金融工程启动几个月来，已初见成效，特别是市本级推进较快，成效明显，一系列数据能有效证明：金融机构体系不断完善，交通、武农商和湖北银行等多家银行机构已引入；企业上市步伐加快，全市上市企业是 2013 年的 3 倍；金融创新亮点纷呈，多种信贷创新产品推广应用，贷款增长 121 亿元，超 2013 年全年 21 亿元，余额贷存比止滑并上升 1.43 个百分点，新增贷存比达 49.8%，市区达 264.15%，团风、麻城、红安也都提升了 50% 以上；政银合作不断深化，风险基金规模达 4 个亿；融资渠道不断拓展，直接融资是过去 5 年的总和，市直成立了多支基金，引入了 3 家风险投资机构；生态水平不断提高，全市金融生态建设实现了“满堂红”。

二、黄冈大别山金融工程的工作重点

从短期来讲，黄冈大别山金融工程规划的实施将从金融机构体系和金融市场体系两个角度，着力提升黄冈市金融业发展水平；并以金融业为依托，发挥金融工程对黄冈市主导产业的支撑经济发展，不断完善金融业风险管控体系，逐步将黄冈市打造成大别山金融中心核心区，从而成为推动黄冈市金融发展最强增长极；同时扩大辐射半径，面向中部各省进行金融服务和对接。

我们拟定到2016年年底，黄冈市实施大别山金融工程的短期定量目标如下。

第一，初步建立较为完备的金融体系。累计引进银行和非银行金融机构30家。

第二，初步建成多层次资本市场。累计实现在中小板、创业板、新三板、四板挂牌上市200家，直接融资120亿元以上。

第三，间接融资持续增长。2014年、2015年、2016年三年表内外贷款净增合计500亿元，到2016年年末表内余额贷存比达到50%以上。

第四，推进资产证券化进程。实现政府债、企业债、集合债发债规模超过30亿元。

从长期来看，黄冈大别山金融工程规划的实施，将不断引入优质金融机构，扩大现有金融机构规模，完善现有金融机构服务能力，不断优化黄冈市金融机构体系；同时健全现有的金融市场，组建缺失的金融市场，加强市场间联系，构建完善的金融市场体系；此外，还将确立松紧适度的金融监管体系，加大金融人才培养力度，加强金融信用体系的构建，全方位为黄冈市金融发展提供有利条件。通过金融机构体系、金融市场体系的完善，提高黄冈市金融软实力，完善金融发展的外部环境，加强黄冈市金融对于产业发展的推动作用，促进黄冈市经济的跨越式发展，将黄冈市打造成为大别山区域的金融中心。

根据黄冈大别山金融工程的实施目标，我们确定了七个方面的重点工作。

一是编制金融工程规划。主要包括黄冈大别山金融工程的前期调研、论证，组织编制黄冈大别山金融工程规划方案，同时积极向上级政府争取相关的政策支持与试点政策。

二是实施产业金融工程。主要包括确定黄冈市的重点产业，研究制定市场主体增量提质的金融扶持、财政扶持政策，为重点产业和龙头企业定制培植方案和融资方案，以及建立和完善担保机制，发展政府控股的融资担保公司，设立产业发展基金、产业互助基金与产业风险基金。

三是实施企业上市工程。主要包括确定上市后备企业，完善上市后备企业名单制管理，系统开展上市后备企业的辅导与培育，推动企业股份制改造与财务管理规范化。此外，还应积极同武汉股权托管交易中心对接合作，形成“大别山板块”，引导上市企业开展股权质押、增资扩股，发行私募债和中小企业集合债等，同时鼓励有条件的企业向新三板、创业板、中小板转板。

四是实施金融服务创新工程。主要包括探索政银保深度合作的新机制，推动信贷产品的创新和抵质押方式的创新，推进金融租赁和信托等新型融资方式，建设金融服务中心，搭建银企供求信息长效对接平台。

五是实施金融中心建设工程。主要包括规划建设金融服务区，推进各类金融机构（股份制商业银行、农商行、村镇银行）和泛金融机构（期货、保险、基金、信托租赁等）、各类要素市场（武汉股权托管交易中心、武汉林权交易市场、武汉农权交易市场、武汉碳汇交易市场、武汉农畜产品交易市场等）、民间金融机构（小额贷款公司、担保公司、典当行等）与金融中介服务机构（会计、律师、审计、评估、咨询、评级等）集聚，形成独具特色的黄冈大别山金融中心。

六是实施沿江开发金融工程。主要包括沿江基础设施建设（交通、水利、信息）、现代产业密集带建设（先进制造业、高新技术产业、服务业）、沿江新型城镇化建设（沿江旅游业、现代生活区），兼顾沿江开发建设的公益性与收益性，解决沿江开发建设的资金需求。

七是实施大别山扶贫金融工程。主要包括扶贫资金和扶贫政策的集中、统一配置使用，推进贫困地区的金融体系建设（普惠金融），解决贫困地区企业和人民生产生活方面的资金需求，探索“政银企保”深入合作新机制，以产业和企业带动贫困地区人民致富。

三、黄冈大别山金融工程参与主体定位

根据黄冈大别山金融工程七项重点工作，我们对黄冈大别山金融工程的参与体——政府及其部门、各类金融机构、企业及中介、武汉大学中国金融工程与风险管理研究中心（以下简称“武大金管中心”）的主要职责进行定位。

（一）政府及其部门

领导、统筹、协调整个黄冈大别山金融工程的实施，成立黄冈大别山金融工程领导小组统筹协调黄冈大别山金融工程方案的实施；完善各级政府工作绩效考核体系，完善各项配套政策，利用现有资源与政策引导黄冈产业转型升级、企业成长与规范；整合公共资源、资金，推进“政银保企”深度合作；利用一切有利条件和资源，全力建设和完善黄冈市金融体系；积极引入与对接区域要素市场，保障金融资源与实体经济充分对接，带动实体经济发展。

（二）各类金融机构

根据黄冈大别山金融工程的总体要求提出本机构的配合方案，包括工作目标、金融产品创新方案等，其工作成效进入黄冈大别山金融工程绩效考核体系。

（三）企业（中介）

积极配合政府的工作，包括企业信息收集、上市后备企业培育与辅导、股份制改革、财务规范等；此外也尽可能在科技创新、产业链延伸、人才引进、市场拓展等方面取得进展。

（四）武大金管中心

在完成黄冈各县市区调研的基础上，结合黄冈市现状与主要问题编制《黄冈大别山金融工程规划研究、设计与实施方案》，为黄冈大别山金融工程的具体实施提供思路指引与顶层设计。每月与黄冈市政府金融办就黄冈大别山金融工程实施进程进行对接，提供智力支持，同时对实施过程中存在的一些突出且复杂的问题以子项目形式组织专题研究、指导实施。

从这份分析材料，大家可以看到以下几个方面的内容：

1. 大别山金融工程开始的时间。那是2014年年初，即在通山县域金融工程示范取得初步成效之后。通山示范始于2012年春天。

2. 大别山金融工程的意义。从这份报告可以看出，大别山金融工程不仅要解决黄冈市本身存在的主要问题，而且希望做成全省和全国的样板。

3. 大别山金融工程的工作重点。我们在这里不仅确定了目标和任务，而且定制了七个方面的重点工作，即“七大工程”。在随后的时间里，这些工作重点每天都在随时间的变化而调整。

4. 大别山金融工程参与主体定位。在这里，我们不仅明确了该工程的参与主体，而且初步明确了各自的职责和分工。

大别山金融工程的序幕拉开后，想不到进展如此顺利！

湖北省委省政府高度重视，黄冈市委市政府倾尽大量的心血，武汉大学的领导参加讨论会，所有的参与者都奋力拼搏。我们武汉大学中国金融工程与风险管理研究中心团队的老师和同学们被深深感动了！在一次大别山金融工程推进会上，我代表我们团队在大会表达了决心。我至今仍记得在大会最后说的几句话：“我们相信大别山金融工程一定能够在黄冈成功！如果我们团队没有和大家一起按照预定的目标完成任务，我就让我的团队将口信带给学校，说叶老师不回学校了，他已经一头撞在大别山山头上去了！”

尽管这些话说得有点过激了，但是它的确表达了我们对这项工作的一片赤诚！

2018年2月11日于珞珈山

大别山金融工程的号角吹响了

2014 年春天，黄冈市委市政府带领全市人民吹响了大别山金融工程的号角。各项工作按照市委市政府的部署，全面展开！

首先请大家看一看下面这一份材料。这份材料是黄冈市人民政府陈安丽市长在 11 月 7 日召开的大别山金融工程推进会上作为主持人的讲话稿。

大别山金融工程推进会主持讲话

黄冈市人民政府市长　陈安丽

同志们：

这次“大别山金融工程推进会”是市委、市政府决定召开的。会议的主要目的是研究部署深入推进大别山金融工程建设工作。

武汉大学叶永刚教授为我们作了一场精彩的辅导讲座，描绘了大别山金融工程蓝图；有关县市政府、银行和企业交流了各自的经验；特别是刘雪荣书记亲临会场指导，并就推进大别山金融工程的实施亲自作部署，要求具体、任务明确、重点突出，会后，大家要按照刘书记的指示抓好贯彻落实。

同志们，今天的会议是全市最高规格的会议。我们为什么要召开这么高规格的会议来研究部署金融工作，因为金融是现代经济的核心。年初，我与金融办的同志一起到武大经管学院寻求智力支持，武大经管学院介绍了金融工程理论研究成果和通山县金融工程的实践情况。2月金融办还带领有关部门及区政府到通山进行了实地学习考察。3月市政府决定与武大经管学院合作规划实施大别山金融工程，并动员各县市区参与实施。目前，武大经管学院叶永刚教授对所有县市进行了辅导培训，与部分县市签订了合作协议，各地都取得了一定的进展。市政府按照大别山金融工程实施方案的安排，采取了一系列措施并取得了一定成效：政银合作不断深化。全市信贷风险补偿基金规模已达到3.63亿元，各行纷纷推出助保贷、创业贷、集合贷等信贷新产品。银行信贷再创历史新高。9月末全市贷款余额比年初增加114.5亿元，贷存比比年初提高1.2个百分点。市区和麻城信贷总量都突破百亿达到140亿元，市区、红安、浠水贷款增速超过20%。挂牌上市企业成倍增长。在新三板、四板挂牌上市企业由年初的12家上升到39家，麻城板块、红安板块、黄梅板块在场外市场批量上市，2014年新增直接融资超过30亿元。全市信用建设取得新成绩。市和各县市区均被省政府授予信用市（州）县，历史性地实现了“满堂红”。引进银行机构取得重大突破。交通银行黄冈分行、光大银行、中信银行已与市政府签订协议明确来黄冈设立分行。金融服务体系不断健全。市本级新组建了市政府控股的担保公司；市本级政府出资建立了创业投资引导基金并吸引了股权投资、风险投资机构来我市展业，已成立了三支基金，拓展了社会融资；成立了武汉股权托管交易黄冈分中心、武汉光谷联合产权交易黄冈分中心；今年新增4家保险机构、2家小贷公司。

应该说，大别山金融工程的实施有了一个良好的开端。为进一步深入推进大别山金融工程建设，为全市经济社会发展争取更多的金融资源，我再强调几点意见：

一是抓规划实施。进一步密切与武大的合作，没有工程规划的县市要在充分调研的基础上，对县域金融工程进行全面规划设计，形成既有指导性又有可操作性的金融工程方案。市和已经规划的县市要抓好配套政策的出台、保障措施的落实和各项工程项目的实施。

二是抓市县联动。在推进市本级金融工程实施的同时，要加强县市区金融工程指导，实现市县两级互动发展，形成市县齐头并进的工作格局。

三是抓对接互动。要进一步加强与省政府及各省级金融机构等部门的沟通联系，争取省政府协调在鄂金融机构及金融监管部门加大对黄冈的支持力度，争取更多的在鄂银行机构来黄冈落户，争取金融创新产品在黄冈先试先行，争取扩大信贷规模配置。同时要加强与保险、信托、证券、基金、租赁、财务公司等各类金融业态以及武汉股权、林权、农权、农畜产品等交易市场的对接互动，争取各类金融业态、各类要素市场向黄冈延伸。

四是抓督办考核。大别山金融工程已列入市委重点改革事项，市政府已制定了金融工程县市区实施工作考核细则，市委改革办、市政府金融办及督查室要对各县市区巡回督办通报，以加快各项实施工作的推进落实。

这次推进工作会议之后，大别山金融工程的会议精神深入人心。全市掀起了运用金融工程推动经济发展的热潮。

随后，市政府每隔一个时期组织一次金融工程工作汇报会。陈安丽市长带领着市政府相关部门的主要领导同志，听取各个县市和主要职能部门的政府一把手汇报，要求领导汇报时采取 PPT 的方式。领导汇报结束后，市长和市政府各位领导当场对此进行点评。

除此之外，陈安丽市长还要求市政府分管金融工作的副市长每隔一段时间带着金融局的领导到各县市和相关部门进行调研和督办。

黄冈市金融局每个月都将各市县推进大别山金融工程的情况做成工作总结和简报，及时将情况向全市和省政府金融办通报。

正因为黄冈市的领导带头吹响了进军号，所以大别山金融工程在这片土地上很快就蓬勃地开展起来了！

2018 年 2 月 12 日于珞珈山

大别山金融工程与一把手的担当

市域金融工程和县域金融工程都应该是一把手工程。要想把一个地区的金融工程搞好，光靠编制出一个科学的实施方案是不够的。

根据我们在湖北省和全国各地的示范情况来看，凡是一把手重视并亲自来抓的地区，金融工程推进的速度就会很快，效果就会很好。凡是党政一把手配合不协调的地方，工程推进就会遇到各种困难。这是因为金融工程是一个系统工程，它要求各个部门协同创新。这种部门之间的协调仅靠金融办或金融局一家做是很难持续的。

黄冈市的大别山金融工程为什么比其他的地方行动得要早一些并且推动得要快一些？这与当家人的思想认识程度和抓工作的态度有很大的关系。黄冈市委市政府的两个一把手对此项工程不仅高度重视，而且配合默契，真抓实干。这种良好的精神面貌和工作作风给各级领导都起了带头作用。

接下来，给大家看一份黄冈市委书记刘雪荣同志在黄冈大别山金融工程推进会上的讲话，这份讲话根据刘雪荣同志录音整理。

在黄冈大别山金融工程推进会上的讲话

黄冈市委书记　刘雪荣

（2014 年 11 月 7 日）

同志们：

大别山金融工程 2014 年 2 月正式启动，已经取得了初步的成效。在这个时候，市委、市政府召开推进大会，而且是这么大规模、这么高规格的会议，专题研究金融工作，这在以前从来没有过，是我市历史上的第一次。有的同志可能有疑问：不就是一个金融方面的事情吗？值得召开这么大规模、这么高规格的会议吗？下面，我从四个方面回答大家的疑问。

第一个问题：为什么要实施大别山金融工程？

邓小平同志说："金融很重要，是现代经济的核心。金融搞好了，一着棋活，全盘皆活。"小平同志的话非常简练、非常通俗，把金融的重要性讲清楚了。金融发展的规模和活跃的程度决定一个地方的实力和发展水平。融资量决定社会资源的占有量。谁拥有了金融资源，谁就掌握了经济发展的主动权。我们看一下国际国内一些发达城市，无一不是金融中心。国际上，大家都知道纽约、伦敦很发达，全世界数一数二，纽约有华尔街，伦敦有金融城。从国内来讲，像香港、上海、深圳这些发达城市，都在建设金融中心，向世界金融中心目标迈进。还有一些重要城市，如天津、重庆、广州也都提出建金融中心的宏大构想。为什么呢？金融中心就是一个巨大的吸附资源、配置资源的中心，有了这个中心，全世界的资源都往这个地方集聚，就像海绵一样，能够把周边的水全都吸到自己身上来。以叶永刚为主任的武汉大学中国金融工程与风险管理研究中心，就成功培育了通山这个典型。通山属库区、边区，是一个山区县、贫困县，跟黄冈所辖县市区差不多。通过实施金融工程，这个山区县、贫困县，在武汉股权托管交易中心搞了全省首个县域板块——通山板块，成功挂牌企业达到14家。现在通山县经济发展态势迅猛，速度在咸宁名列前茅。这说明了做好金融工作是多么重要。

经济工作是中心工作。按老百姓的语言来讲，经济工作关键要做好两件事，第一是搞钱，第二是花钱。搞钱不外乎两种方式：第一种方式是借钱，规范地说就是融资，去资本市场圈钱；第二种方式是赚钱，去市场中赚钱、创造利润。花钱也有两种方式：第一种方式是投资，第二种方式是消费。这就是经济增长三驾马车中的两驾——投资和消费。这两件事里面，搞钱是源头，搞钱里面金融又是源头。借了钱才能赚钱，赚了钱才有钱花。经过这么分析以后，大家是不是看到经济工作归根结底、追根溯源就是金融。“问渠那得清如许，为有源头活水来。”刚才叶教授讲，金融工作搞好了，可以兴国、兴省、兴市、兴县，这是天大的事。现在经济下行压力这么大，我们把金融工作搞好了，就会别开生面，进入一个新的发展天地。由此，我们可以得出这样一个结论：一个地方活不活，看金融；一个企业活不活，看金融；一个干部活不活，看金融。就是衡量一个干部懂不懂经济工作、会不会抓经济工作，看金融。这就是今天为什么开这个会，为什么讲金融。

第二个问题：大别山金融工程是什么？

大别山金融工程，是黄冈市政府与武汉大学中国金融工程与风险管理研究中心合作实施的金融改革创新工程。它的基本思想是在控制区域宏观风险的前提下，运用工程化的思维与手段，创造性地利用各种金融工具与金融手段有效配置资源，以促进经济跨越式发展。这跟其他地方和我们以前做的是不一样的，是用系统论的思维、工程化的手段来做金融工作。大别山金融工程有三个鲜明的特点：

第一个特点是独特的地域特征。体现在哪里呢？大别山三个字。大别山里面包含了战略性、政治性、经济性、社会性。战略性。建设“四个大别山”是省委省政府“一元多层次”战略体系的一个重要组成部分，是黄冈的发展旗帜。大别山金融工程是为实施省委省政府的战略、推进黄冈市委市政府的战略而服务的。政治性。黄冈是革命老区，为中国革命付出了巨大的牺牲，对革命老区怎么支持都不为过，各种资源、各种力量都应当向老区倾斜。大别山金融工程就体现了这一点。各种金融机构、中介机构都带着感情来做金融工作，对老区高看一眼、厚爱一层，给予特殊政策。这是它的政治意义。经济性。体现在优化经济结构、促进转型升级上，具体到黄冈，就是服务“双强双兴”、服务三次产业协调发展，给予全方位的金融支持。社会性。就是服务老百姓，服务全民创业，服务民生工程，服务民营经济。我市有33万个市场主体为它们的发展壮大提供金融支撑，还有那么多的民生工程。涉及老百姓利益的事情都是大别山金融工程的服务对象。

第二个特点是理论与实践相结合。大别山金融工程是武汉大学跟黄冈市政府共同合作的，是理论与实践相结合的产物。一方面，金融光有理论而不实践，那就是空中楼阁、不接地气，英雄无用武之地。叶教授所在的金融中心，如果仅仅就是讲讲课，不到地方来，不与地方政府合作、把它实践化，这些理论就被关在校园里。另一方面，如果我们光有实践，没有理论指导，我们的实践就是盲目的，“盲人骑瞎马，夜半临深池”就会出问题，就会掉进陷阱。所以必须把理论与实践结合起来，让金融工程理论走出珞珈山、走出象牙塔，走进大别山的工厂、车间、田间地头，让金融在黄冈生根开花结果。

第三个特点是“五位一体”大合唱。大别山金融工程把五个方面的力量整合在一起，哪五个方面呢？就是政府、企业、金融机构、中介机构和研究机构。通过顶层设计，把五个主体整合在一起，在统一的框架与体系下各司其职，形成“五位一体”金融大合唱。它们分工不同，各唱不同的声部，共同演奏出一首美妙的音乐、和谐的音乐。这“五位一体”不能出现短板。木桶理论告诉我们，哪一块板短了，整个金融工程都会出问题。所以五个方面必须一起发力，整体推进实施。

第三个问题：大别山金融工程究竟要干什么？

关于大别山金融工程的目标任务，刚才叶教授已经给我们进行了阐述。我认为当前要主要做好五件事情。

一是完善金融体系，发展金融机构。就是把黄冈金融机构搞得多多的，让它们有机联系起来、统一起来，形成主体多元、竞争有序、功能完备、充满活力的金融体系。截至目前，我们已经引进了招商银行、交通银行、武汉农商行，湖北银行黄冈分行也即将获得国家银监会的落户批准。此外，我们和10多家金融机构进行了对接，包括光大银行、中信银行、华夏银行、民生银行、平安银行等。我们还和一大批非银行金融机构进行对接，包括保险、证券、期货、基金、信托、金融租赁公司等，要大力引进这些非银行金融机构。到2016年年底，全市要引进银行、非银行金融机构30家。引进那么多银行干什么？其一，引进了力量。金融机构来了，就要投入、就要贷款，多一个人、多一份力，多一个机构、多一份贷款，为黄冈发展多作一份贡献，当然多多益善嘛！这个道理很简单。其二，引进了效益。多一个机构就是多一个就业和税收的载体。金融机构带来就业岗位，有利于扩大就业。金融机构的税收非常可观，黄冈农商行上缴税金2014年将超过4亿元。黄冈有哪一家工商企业交4亿元的税收？农商行是第一家。其三，引进了竞争机制。大家听说过鲶鱼效应，说的是沙丁鱼生性好静，而鲶鱼天生好动。为解决沙丁鱼在运输途中缺氧死掉的问题，聪明的渔民在装满沙丁鱼的鱼舱里丢进一条鲶鱼。鲶鱼一进入鱼舱就不停地游动，让沙丁鱼感到威胁，四处躲避，加速游动。这样沙丁鱼缺氧的问题就迎刃而解，鲶鱼和沙丁鱼都生存下来了。我们引进金融机构，也是引进“鲶鱼”，目的是让所有金融机构都能生存下来、发展壮大起来。这就是竞争效应，就是我们最希望看到的局面。

二是扩大信贷投放，破解融资难题。当前，“贷款难、融资难”是困扰企业发展的一个瓶颈问题。我市银行业金融机构存款余额接近2000亿元，贷款余额700多亿元，存贷比只有39.43%。这是什么概念呢？就是黄冈750万人，把千辛万苦积攒的钱存在银行里，存了2000亿元，而银行把其中近1300亿元抽走了，抽到哪里去了呢？没有人知道，也许到了北京，也许到了上海，也许到了深圳，总之是抽到发达地方去了。越发达的地方，钱流动越快、流入越多；越穷的地方，出路越窄、流出越多。目前，全国贷存比75%，全省贷存比67%，武汉贷存比85%，我们虽然止滑上升，但也只有39.43%，差距非常大。我们要将黄冈存的钱留下来，靠谁去留呢？还得靠金融机构，靠它们把这些钱就地投放在黄冈。大别山金融工程的目标是，到2016年年底全市贷存比要达到50%。怎么做到呢？一靠自己。就是大力发展产业，把产业做大做强，大力培育有实力、讲信用的市场主体。只有这样，银行贷款才有承载的主体。二靠创，要创新金融产品。金融创新其实并不神秘。比如，黄冈农商行就是创新金融产品、优化金融服务的典范。它们优化服务模式，推进信贷、“进村入户”服务活动，放宽农户贷款准入条件，简化审批流程，甚至只要符合“几亩田塘、三间瓦屋、身体健康、诚实善良”这几条就行了，随到随贷、应贷尽贷。这就叫创新，这就叫优化服务。现在，农商行在黄冈的金融市场份额占到了50%，存款占全市的46%，贷款超过了50%，这就是金融创新的丰硕成果。下一步，我们要进一步加强政银企对接和政银保合作。政府、银行、企业要对接，不然信息不对称。要创造各种条件、各种机会，通过信息沟通进行对接。这里面还包括保险机构，要提高保险资金配置效益。鼓励保险公司投资企业的股权、债券、基金，为企业发展提供资金支持，把钱盘活。这都属于金融创新的内容。三靠担保机构。市政府已经成立了由政府控股的金财融资担保公司。每个县市区也要成立一到两家政府控股的担保公司，努力扩大贷款规模。

三是打开资本市场，扩大直接融资。我认为这是金融工程里面最重要的一件事。资本市场一直是我们的薄弱环节。我们过去借钱都找银行，两眼都盯着银行。现在还要盯着资本市场，去资本市场直接融资。大别山金融工程确定的目标是，用三年左右的时间，力争全市在中小板、创业板、新三板、四板挂牌上市的企业达到200家，直接融资120亿元以上。目前我市上市后备企业有76家，已经挂牌上市39家，数量排全省第二位；融资总额37亿元。这应该说不错，但离奋斗目标还有很大差距。2014年10月21日，麻城首批7家企业在武汉股权托管交易中心挂牌，形成了大别山麻城发展板块。正东科技挂牌当日就实现定向增资5000万元，这是上市带来的效果。我们还引进了武大珞珈、北京约瑟、华工科技三支基金，这些创业投资引导基金，将在企业发展过程中特别是发展初期阶段，起到极为重要的作用，甚至是救命的作用。想想看，如果马云当初没有创投公司的投入，就没有今天的阿里巴巴。三星、苹果、小米目前在移动通信市场排名世界前三，如果没有创投基金的引入，也不可能有今天的小米。刚才，远东卓越公司丁志明董事长引用了诺贝尔经济学奖获得者、美国经济学家斯蒂格勒的一句话："纵观世界上著名的大企业、大公司，没有一家不是在某个时期以某种方式通过资本运营发展起来的，也没有哪一家是单纯依靠自身利润的积累发展起来的。"与此同时，我们还要大力推进资产证券化进程。到2016年年底，争取政府债、企业债、集合债发债规模超过30亿元。做好这些事情，必须充分发挥中介机构的作用。目前，与我市企业有业务联系的中介机构共56家，其中券商15家、会计师事务所8家、律师事务所9家、投资机构24家。这些中介机构是资本市场不可或缺的重要力量。要上市、要发债，都靠这些中介机构来运作。所以说金融工程"五位一体"缺一不可，要把每一个方面的工作做好。

四是建设区域金融中心。这个区域金融中心，从空间上讲就是在哪里建，建一栋楼或是几栋楼，为金融机构提供物质载体，这是一个空间的概念。从功能上来讲，这个中心里面装什么呢？就是要把金融机构、泛金融机构、要素市场、中介机构都引进来、集聚起来，形成一个独具特色、体系健全的金融中心。这件事情比较难，我们要先做规划，抓紧启动、抓紧推动。

五是优化金融生态环境。主要抓好两件事，一是法治，二是信用。有了法治和信用，我们就有了一个良好的金融生态环境。为此，要大力加强法治建设。要结合学习贯彻四中全会《关于全面推进依法治国若干重大问题的决定》精神，坚持依法治国、依法执政、依法行政共同推进，坚持法治国家、法治政府、法治社会一体建设，实现科学立法、严格执法、公正司法、全民守法，通过法治来优化金融生态环境。要大力加强信用建设。信用是金字招牌。“人无信不立，企无信不存。”企业没有信用就不可能存在。老百姓说“有借有还，再借不难”，讲的就是信用问题。对于恶意逃税债、非法集资、骗取保险资金等违法行为，要依法严厉打击。有了良好的金融生态环境，就好比建成了一座金融水库，四面八方的水都流到水库里来。我们就是要打造这样一个资金洼地，让银行、资本市场里的资金都向黄冈源源不断地注入。

第四个问题：大别山金融工程怎么实施？

首先，这是个一把手工程。党的中心工作是经济工作，金融又是经济工作的源头。抓金融，就抓住了经济工作的“牛鼻子”，就会事半功倍。不抓金融，就是缘木求鱼，是瞎忙，就会事倍功半。今天的会议，书记、市长作动员报告，县市区书记、县市区长和市直部门主要负责人都参加，传递的信号就是各地各部门一把手要亲自抓金融，重视金融，研究金融，搞活金融。

其二，顶层设计。之前，叶永刚教授和他的团队做了一个《黄冈市市域金融工程规划研究、设计与实施》。在此基础上，市政府正式出台了《大别山金融工程实施方案》，这就是顶层设计。全市金融工作要以此为遵循，把规划文本一项一项地抓落实。

其三，政策支撑。市政府已经出台了《引进银行业金融机构试行办法》《政府公共性资金存放管理办法》《鼓励和支持企业上市的指导意见》《创业投资引导基金管理暂行办法》《进一步加强金融生态建设的意见》5个文件。下一步要抓好文件精神落实，靠政策来引导、支撑大别山金融工程。

其四，通力协作。大别山金融工程“五位一体”就像数学里面的矩阵，上下左右、横向纵向都要加强联系，加强沟通，加强协作。纵向方面，争取省政府及省金融办的支持，多汇报、多请示，请他们调动全省的资源为大别山金融工程服务。银行等各方面都要积极争取上级的支持。横向方面，政府、企业、金融机构、中介机构、武汉大学金管中心之间，要加强信息的沟通交流，加强业务培训、工作协调，及时沟通信息、解决问题、共同推动。

其五，督办考核。市政府以表格的形式分解了大别山金融工程任务，明确了责任单位、完成时限。要对阶段性工作完成情况进行督办检查，不定期进行通报，对结果进行考核、奖惩兑现。市政府出台的政策里面，明确了具体奖惩办法，有经济奖励，有惩罚措施，要通过这些激励措施把目标任务完成好。

我相信，只要大家齐心协力、共同努力，大别山金融工程一定会结出丰硕的果实。

刘雪荣同志的讲话赢得了大家热烈的掌声。

这次会议表明市委市政府对大别山金融工程的坚定态度，并且对各项工作提出了十分明确和具体的要求。这次会后，大别山金融工程的思想逐渐深入人心，各项工作在党政一把手的推动下，出现了一片蓬勃的生机……

2018 年 2 月 12 日于珞珈山

大别山金融工程硕果累累（2014年）

摆在我们面前的是黄冈市政府金融办在2014年9月22日所提供的一份情况汇报材料。这是大别山金融工程的开局年，尽管反映的只是全年三个季度的情况，但是我们看到了一个良好的开端。

大别山金融工程情况汇报

黄冈市政府金融办

（2014年9月22日）

市政府金融办自2013年8月新组建以来，认真贯彻落实市委市政府各项工作部署，围绕服务“双强双兴”战略、落实“三大行动”，以实施大别山金融工程为抓手、推进金融改革创新为主线、扩大社会融资为目标，着力推进货币信贷市场、多层次资本市场、多元化要素市场和民间金融市场的引进培育和规范发展，全市金融业呈现加速发展的良好态势。

一、大别山金融工程及其主要内容

2014年年初陈安丽市长带领金融办到武大经管学院寻求智力支持。武大经管学院介绍了金融工程理论研究成果和通山县金融工程的实践情况。2月份廖保安副秘书长带领金融办以及有关部门到通山进行了实地学习考察后，遂开展与武大经管学院合作研究规划黄冈市金融工程，并签订了合作协议。金融工程主要是运用工程化的思想，创造性地利用各种金融工具与金融手段有效配置资源，以促进经济金融深度融合、跨越发展。金融工程主要内容包括：

金融规划工程。主要是在调研、论证基础上形成金融工程规划方案，明确实施金融工程的目标、思路、措施和实施路径。目前规划文本已形成。

产业金融工程。主要是研究制定市场主体增量提质的金融扶持、财政扶持政策措施；确定重点扶持的产业、企业，建立和完善产业发展基金、产业互助基金和风险补偿金；做强做实各级担保机构，以加强对主导产业的融资支持。

企业上市工程。主要是建立上市后备企业资源库；开展上市后备企业的辅导和培育；加快企业股份制改造，规范经营管理，推进企业挂牌上市；引导上市企业开展股权质押、增资扩股、发行债券等多途径融资。

金融服务创新工程。主要是探索建立政银保深度合作新机制，推进政银保合作；发展保证保险新产品；推动信贷产品的创新和抵质押方式的创新，推进金融租赁和定向信托等新的融资服务；建设金融服务中心，搭建金融与企业供求信息长效对接平台。

金融市场建设工程。主要是引进各类银行业机构入驻；发展农商行、村镇银行等地方法人银行机构，完善银行机构体系；开展与股权交易、基金、信托、保险、证券、租赁等机构的对接合作，引入非银行金融机构；发展多层次资本市场体系，与武汉股权、林权、农权、农畜产品交易市场对接合作，建立黄冈股权、林权、农权、农畜产品交易市场交易分市场；大力引进发展产业投资、创业投资、股权投资、风险投资，完善投资服务体系；发展金融中介服务市场体系。

金融管理机制再造工程。主要是理顺融资担保、上市、小贷公司、基金、典当及金融要素市场建设管理体制，完善监管协调机制；深化金融生态建设，完善金融风险度量、管控、评价体系。

黄冈市金融工程与武大协议目标是到2016年年底：

（一）初步建立较为完备的金融体系。累计引进银行和非银行金融机构20家。

（二）初步建成多层次资本市场。累计实现在中小板、创业板、新三板、四板挂牌上市200家，直接融资120亿元以上。

（三）实现间接融资持续增长。2014年、2015年、2016年三年表内外贷款净增合计500亿元，到2016年年末表内余额存货比达到50%以上。

（四）推进资产证券化。实现政府债、城投债、集合债发债规模超过30亿元。

二、大别山金融工程推进情况

（一）再造金融发展机制办法

一是研究出台了《政府公共性资金存放管理办法》，将公共资金的存储与各行信贷投放挂钩，激励和撬动信贷投放。设立了信贷风险补偿基金，开展政银合作，进一步释放信贷活力。

二是研究出台了《引进银行业金融机构试行办法》，健全引进、发展银行业的一系列配套措施。

三是制定了《创业投资引导基金管理暂行办法》，以引进风险投资、产业投资，拓展市场融资。

四是完善《小贷公司试点办法》，规范和发展民间金融。

五是研究出台了《进一步加强金融生态建设的意见》，全面优化金融生态环境。

六是全面建立了《多层次资本市场建设联席会议制度》《担保监管联席会议制度》《金融行政执法联席会议制度》《金融债权清偿、重点工作督办考核机制》，服务金融发展。

（二）引进金融机构，完善金融服务体系

在刘雪荣、陈安丽、崔永辉、李俊等市领导的带领下，与上级金融业机构及其监管部门建立了广泛联系，频繁互动，大力引进设立金融分支机构，推动现有金融机构向县域和乡镇延伸。刘书记带队到光大银行总行、人民银行武汉分行、省农行、华夏银行武汉分行进行了拜访。招商银行、湖北银行、交通银行、武汉农商行、华夏银行、光大银行、中信银行、平安银行已明确在黄冈设立分行，其中交行黄冈分行、武汉农商行黄冈分行、招行升格为分行等机构规划已经被国家银监会审批；湖北银行、中信银行、光大银行、华夏银行、平安银行在黄冈设立分支机构规划正在银监会审批中。广发、渤海、民生银行也都进行了对接。继蕲春、麻城村镇银行后，红安、英山两地村镇银行已于8月份开业；武穴、黄梅村镇银行已批，正在筹建当中，浠水、罗田、团风村镇银行正在报银监会审批。2013年以来，全市新增小贷公司12家，风险投资公司3家，保险公司4家，全市各类金融机构已达90家，正逐步形成多元化金融与泛金融服务体系。

（三）深化政银企合作，引导激励信贷投放

在市政府领导的强力推动下，组合实施一系列措施，服务企业融资需求。

一是严格兑现2013年信贷奖励，并从2014年起将奖励总额提高到100万元；定期按各银行信贷投放考核情况调节公共性资金在各行存储额度，促进银行经营由注重存款公关向注重释放信贷转变。

二是市人民银行运用差别化货币政策工具定向调节，优化信贷结构，确保中小微企业信贷“三个不低于”目标的实现。

三是市银监局开展“县域信贷缺口收敛攻坚行动”，对贷存比低于40%的各家银行采取诫勉谈话、组织调整等措施，限期完成信贷缺口任务。

四是定期开展政银企对接活动，已组织举办3期专场对接，市域银行机构与近1000家企业签订了贷款、授信、贷款意向协议。

五是利用市中小企业服务中心筹建金融超市，集合各种金融产品和企业融资信息，实现银企资金供求长效对接。

全市继2013年年末信贷增长首次突破100亿元后，至2014年8

月，全市贷款净增106.87亿元，超过2013年全年净增量，同比增长15.57%，信贷投放节奏有所加快。

（四）发展多层次资本市场，拓宽多元化融资渠道

一是大力拓展股权市场。建立了武汉股权托管交易黄冈分中心、武汉光谷联合股权交易黄冈分中心；推进企业上市，培训普及资本市场知识。已遴选和培育后备企业66家，挂牌上市29家（新三板1家，四板28家），实现融资36.87亿元。

二是大力拓展资本要素市场。规划了大别山林权交易、农权交易、农畜产品交易等要素市场，各要素市场建设正与武汉市场对接起步。

三是大力拓展基金及风险投资市场。市政府建立了首支创业投资引导基金，以此为母基金，引导社会资本跟进，以支持市域产业，拓展企业融资渠道。武大珞珈梧桐投资基金已经在黄冈市注册，基金规模2000万元；北京约瑟投资天使基金协议已签订，基金规模2500万元，市政府出资500万元；华工科技产业投资基金协议也基本商定。

四是大力拓展债券和债务融资工具市场。债券和债务融资不断突破，融资总额达25.45亿元。

（五）创新金融产品和服务方式，逐步化解融资难题

搭建政银合作平台和机制，设立风险补偿金，带动各金融机构、企业合作注资建立风险资金池，为企业信贷、发债等融资提供信用保障和风险补偿，推动了信贷产品和信贷服务创新。市政府风险资金池已建立，首期资金5000万元已到位（随着大别山产业基金逐步回笼将做大到1个亿左右），与工、农、中、建四大国有商业银行合作，按风险金1:10比例放大贷款、风险共担合作的协议已签订。各县市区按照市政府关于大别山产业发展基金管理改革的要求，比照市政府的做法正在建立信贷风险金，全市风险金总规模将达10亿元左右，按政银合作办法，银行信贷规模预计将达到80亿元左右。组建金财担保公司，市政府首期出资7000万元，控股70%，为企业融资提供担保服务。与湖北银行开展合作，入股4000万股、注资1.04亿元，以获得湖北银行更多的资

金支持，同时提高财政性资金使用效益和收益率。建设银行已合作推出了助保贷，工商银行推出了集合贷，农行推出了灵活多样的信贷抵押方式，邮政储蓄银行创新产业链互保模式，人保财险公司推出了信贷保证保险新产品。

（六）完善信用体系，全面提升金融生态水平

大力推进社会征信体系建设，完善各方协同的信用监测、预警、评价机制。持续开展农村、企业、社区和区域"四大信用工程"创建活动，着力培育信用主体。建立大额金融债权清单制，逐一化解不良贷款；建立政府、司法联席会议制度，开展金融积案专项行动；建立金融行政执法联席会议制度，维护银行业经营环境；开展打击和处置非法集资活动，维护金融秩序稳定；定期测评并排名通报各县市区金融生态情况，促进各地金融生态水平的提升。全市大额不良贷款实现了债务重组，金融胜诉案件执结率大幅上升，不良贷款率在2013年下降2.05个百分点基础上，2014年至8月又下降了0.24个百分点，不良率下降至历史最好水平，在全省金融生态排名由末位提升到中位水平。

三、目前实施大别山金融工程存在的困难和问题

总体上看，全市实施大别山金融工程思想统一，行动迅速，措施得力，效果明显，但仍存在一些需要注意的问题：

一是部分县市重视不够，进展不平衡。市政府与武大经管学院建立了定期会商机制，完成了工程的规划设计，出台了实施方案与考核细则。红安、麻城、罗田、黄梅、武穴等县市金融工程与武大开展了合作，拿出了贯彻落实措施，进展较快，但也有部分县市对大别山金融工程认识不足，行动较慢，左顾右盼；有的县市对实施工作没有合理安排，没有形成分工负责、点面结合、重点突破、循序渐进的工作格局。

二是金融服务体系还不健全。股份制银行进驻较少，建立起主体多元、充分竞争、分工合作、功能互补的金融服务体系还有待时日。

三是贷存比仍然偏低。8月底，余额贷存比38.8%，虽然比年初提高0.8个百分点，但仍低于全省平均水平。

四是直接融资比重不大。通过股市、债市以及场外交易、要素市场等渠道直接融资还处于起步发展阶段，融资规模有限。

随着金融工程的实施，银行机构逐步引进，金融服务体系逐步完善，企业上市和金融创新深入推进，各项措施的作用逐步显现，存贷比低、直接融资比重低等问题将逐步得以化解。

四、下一步大别山金融工程的工作重点及措施

一是抓规划实施。进一步密切与武大的合作，没有工程规划的县市要在充分调研的基础上，对县域金融工程进行全面规划设计，形成既有指导性又有可操作性的金融工程方案。市和已经规划的县市要抓好配套政策的出台，保障措施的落实、各项工程项目的实施。

二是抓市县联动。在推进市本级金融工程实施的同时，要加强县市区金融工程指导，实现市县两级互动发展，形成市县齐头并进的工作格局。

三是抓对接互动。要进一步加强与省政府及各省级金融机构等部门的沟通联系，争取省政府协调在鄂金融机构及金融监管部门加大对黄冈的支持力度，争取更多的在鄂银行机构来黄冈落户，争取金融创新产品在黄冈先试先行，扩大信贷规模配置。同时要加强与保险、信托、证券、基金、租赁、财务公司等各类金融业态以及武汉股权、林权、农权、农畜产品等交易市场的对接互动，争取各类金融业态、各类要素市场向黄冈延伸。

四是抓督办考核。大别山金融工程已列入市委重点改革事项，市政府已制定了金融工程县市区实施工作考核细则。市委改革办、市政府金融办及督查室要对各县市区巡回督办通报，以加快各项实施工作的推进落实。

五、请求事项

一是加强金融办机构能力建设。目前全市金融办机构体系还不健全、人员严重不足，履职能力有待提高。建议强化市和各县市区金融办机构建设，充实金融办职能及人员力量，培养金融人才，以便更好地协调服务金融工作。

二是规划建设区域金融中心。建议开展金融功能区的规划建设。目前我们正在引导各类金融机构、要素市场、中介服务机构和民间金融机构向东门外城东新老城区结合部集聚，形成金融功能区和区域金融中心。要加强金融中心规划，统筹金融中心发展空间布局和相关政策；建设金融大厦，集合银行窗口服务、要素市场服务、中介服务、民间金融服务以及其他金融业态服务，形成常态化办公服务的金融超市。

从市政府金融办向市委市政府汇报的这份材料报告中，我们既看到了市委市政府领导对此项工作的高度重视和大力推进，也看到了金融办踏实的工作作风。这份材料不仅写出了已经取得的成效，同时也非常清楚地写出了存在的困难和问题。金融办就这些问题向市委市政府提出了具体措施和要求事项。

通过市委市政府进一步布置和推动，2014 年大别山金融工程取得了初步的成效。大别山金融工程的第一年正如市委市政府所要求的那样，成为硕果累累的一年，也成为坚定大家信心的一年……

2018 年 2 月 12 日于珞珈山

大别山金融工程遍地开花（2015年）

摆在我们面前有几份材料：《湖北省人民政府办公厅关于印发湖北省县域金融工程试点实施方案的通知》，在全省推进县域金融工程现场会上黄冈市人民政府的发言材料、红安县委县政府的发言材料、麻城市委市政府的发言材料。从这四份材料可以看出，湖北省推进县域金融工程和市域金融工程的力度及成效显著。

首先来看第一份材料中的主要内容：

2015年5月26日，湖北省委省政府在前期示范县域金融工程和市域金融工程的基础上，制定了《湖北省县域金融工程试点实施方案的通知》，并将此方案印发给各市、州、县人民政府和省政府有关部门，要求全省“各试点市、区、县人民政府认真细化方案，加强组织实施，省政府有关部门加强指导，一行三局积极创造条件，辅导和支持地方政府推进该项工作。在总结经验的基础上，全省2016年7月起全面实施县域金融工程”。

在该份实施方案中，湖北省政府除了对县域金融工程实施提出了明确要求，还对市域金融工程同样制定了实施内容。

“市（州）域金融工程是县域金融工程在更大范围和更高层次的发展，各市（州）可在总结县域金融工程经验的基础上，制定出相应的市

（州）域金融工程实施方案，具体内容包括：

1. 制定市（州）域金融工程规划与实施方案；

2. 实施城市建设金融工程；

3. 实施主导产业金融工程；

4. 实施金融中心建设工程；

5. 建设金融风险体系；

6. 实施县、市（州）互动金融工程；

7. 实施金融信用工程；

8. 实施政府资源合理配置工程。”

从这份材料可以看出，湖北省的县域金融工程和市域金融工程已经进入了一个新的发展阶段。湖北已经在前期 27 个县市作示范的基础上，进入了全省全面实施县域和市域金融工程的阶段。并且不难看出，黄冈市从 2014 年开始实施的大别山金融工程已经取得了初步成效并得到了湖北省人民政府的肯定和推广。同时，湖北省人民政府于 2015 年 11 月 17 日在黄冈市所辖的麻城市召开了全省范围的金融工程现场会。

我们接下来看第二份材料。这份材料是黄冈市人民政府在这次现场会上对大别山金融工程的汇报和总结。

加强改革创新　推进金融领先

黄冈市人民政府

（2015 年 11 月 17 日）

近年来，黄冈以大别山金融工程为载体，以完善金融体系、创新金融服务为重点，以聚集金融资源、扩大社会融资为目标，大力实施金融领先战略，实现了金融与经济深度融合发展。一是信贷融资不断突破。2014 年全市金融机构各项贷款余额和存款余额增速分别位于全省第一和第二位，2015 年贷款继续保持 20% 以上的速度增长，连续位居全省前列。二是资本市场建设及融资不断突破。全市挂牌上市企业112家，一年新增100家。其中，新三板挂牌企业11家，在武汉区域性股权市场10个特色上市板块中，有黄冈6个特色板块。金融工程实施以来，新增股权、债券融资近40亿元。三是保险业发展不断突破。2015年前三季度，全市保费收入49亿元，同比增长14.6%；赔付支出22.49亿元，同比增长29.52%。四是金融服务体系建设不断突破。引进新设分行级银行机构3家、村镇银行9家，改造农信社设立农商行10家；新设保险机构6家；新设证券营业机构3家。银行业机构发展到28家，证券营业机构总数达到7家；保险机构总数达到38家；各类金融与泛金融业态132家。普惠金融快速发展，城乡金融服务网格化，标准联系点覆盖所有社区、乡镇、村组。五是金融创新不断突破。黄冈成为农总行、建总行创新实验基地，政银保、创客贷、税收信用贷、扶贫开发贷、保证保险、产业基金、扶贫基金、转贷基金、风险补偿金等一批金融创新产品应用实施。六是金融生态建设不断突破。全市及所有县市区均进入“金融信用市州县”，2014年前三季度，全市不良贷款率下降0.38个百分点。近一年来，新增A级信用企业1201户。

我们的主要做法是：

一、“一把手工程”谋划

围绕实施金融领先战略，把金融作为“一把手工程”抓紧抓实。一是树立金融领先理念。“抓经济必须抓金融，只有抓好金融才能抓好经济”，为此，我们分批次组织领导干部到党校、合作高校专修金融，到外地学习考察金融。11月2日，组织各县市区长、金融办主任、财政局局长、城投公司总经理等主职干部到复旦大学进行了为期一周的金融创新与资本运作封闭培训，从关键的少数开始学金融、懂金融、用金融，形成加快发展金融的强大气场。二是加强组织机构建设。2013年8月，组建市政府金融办。2015年9月，应打造金融工作升级版的需要，开始组建金融工作局，进一步加强人员配备、强化服务职能。三是建立和完善各项联席会议制度。建立以市长挂帅为组长的大别山金融工程领导小组，统筹推进全市金融工作。健全保险、小贷、担保、民间资本管理、金融执法及金融债权清收等各项联席会议，加强部门协同，着力解决工作推进过程中的重点难点问题，构建常态化、立体化的领导协调和服务体系。

二、"一揽子计划"推进

在省金融办的指导下，实施了"一揽子计划"。一是确定总目标。将建设大别山金融中心，以有效提升社会融资总量作为大别山金融工程的总目标，着力建设较为完善的区域性信贷市场体系、保险市场体系、资本市场体系及其他要素市场体系，打造市场体系多元化、融资渠道多样化、特色产业集群化的经济金融发展态势。二是制定路线图。对照目标任务，重点实施六大子工程：实施金融规划工程，对金融发展进行全面规划设计，明确路线图、时间表；实施产业金融工程，强化产业的金融配置；实施企业上市工程，加快企业改造上市及市场融资；实施金融服务创新工程，构建银政保深度合作机制，促进金融资源的有效利用；实施金融中心建设工程，培育发展各类金融业态和金融市场；实施金融管理机制再造工程，全面提升金融生态水平。三是明确着力点。大力整合政府、企业、金融机构、中介机构、研究机构五方力量，调动五方积极性，找准各自切入点、着力点，形成"五位一体"、齐抓共管工作合力。尤其是注重激发县（市、区）创造性，形成既有统一规划，又有县域特点的金融发展格局。

三、"一系列创新"驱动

在平台建设上，创新实施一系列新的举措，激发各类市场资源。一是创新融资增信平台。充分挖掘和整合财政资金，发挥其杠杆作用和放大效应。开展政银合作。各地政府出资重组新设一家以上政府控股的担保公司；出台《信贷风险补偿基金管理办法》，全市整合9.16亿元财政资金设立风险补偿金，政银合作推出助保贷、助创贷、助业贷、集合贷、政银通宝等信贷新模式，撬动信贷资金近40亿元，支持小微企业300余家。开展与风险投资机构合作。创立大别山创业投资引导基金，引进设立约瑟基金、珞珈梧桐基金、高投天使基金等风险投资，支持大众创业。开展政保合作。试点保证保险；在政策性“三农”保险基础上，推进实施一县一品的特色农业产业专项保险，支持特色种养业。发展行业互助，推广产业链融资、供应链融资、订单融资，累计投放资金170余亿元。二是搭建融资对接平台。用“金融+”的思维，探索“金融+创业，金融+企业，全融+产业”服务模式，持续开展服务企业行动，帮助企业对接信贷市场、风险投资市场、资本市场、保险市场，推动金融资源向优势产业和新兴产业流动。组织创业创新项目及融资产品路演，一批创业创新项目与金融机构、投资机构实现了有效对接，仅市农商行就一次为大学生创业团队授信1亿元。试点推广以税收信用为保证的免抵押担保贷款等新产品；出资2亿元建立企业过桥基金，为企业融资提供支持。三是创新金融扶贫开发平台。将金融扶贫列入国务院批准的《黄冈市大别山革命老区振兴发展规划》的清单；出台《金融支持产业精准扶贫的意见》，定制《扶贫搬迁贷款产品方案》，设立扶贫专项基金，采取“市级统一政策推动、县级借款平台公司统贷代建、县级政府购买代建服务还款”模式实施搬迁扶贫，已获得农发行扶贫搬迁贷款66.3亿元。四是搭建社会信用培育平台。强化落实企业资金链风险定期排查制度，做好风险防范和化解各类风险隐患。依法打击信用欺诈、逃废金融债务、骗保骗赔等行为。大力推进“金融生态县”“信用村镇（乡）”“信用社区”创建，金融生态环境进一步优化，不良率持续下降。

四、“一体化机制”保障

着力完善激励、监管、考核体制机制，为实施金融领先战略提供全方位、一体化保障。一是建立激励机制。强化政策引导和扶持。在引进银行业金融机构方面，市设分行级银行机构给予开办补助和全方位的帮扶政策支持，形成新设机构、已批在建、同意筹建、申请报备递次发展的良好局面。在企业上市方面，制定《绿色通道制度和奖励办法》，从税费奖励、上市补贴、工商管理、用地等方面给予全面激励，实现全市新三板挂牌企业从无到有的转变，并达到10家。二是完善监管机制。

尤其是强化对小额贷款公司和融资性担保、民间融资服务机构的监督管理和风险处置责任，严厉打击高利贷活动和非法集资，大力整顿金融秩序，守住不发生系统性、区域性金融风险底线。三是兑现考核机制。严格按照《大别山金融工程实施方案》及《考核细则》，对各县市区和市直有关单位进行定期检查督办，实时跟踪，按季通报。同时严格落实信贷考核办法、存贷挂钩考核办法，确保中小微企业信贷“三个不低于”目标实现。尽管我们以大别山金融工程为载体，在推进金融领先方面做了一些工作，但与兄弟市州相比，与省委、省政府的期望相比，仍有较大差距。下一步，我们将以此次县域金融工程现场推进会为契机，认真领会会议精神，充分借鉴兄弟市州的宝贵经验，自加压力、创新实践，切实推进大别山金融工程纵深发展，以实际工作成效为全省经济增速提质、升级增效贡献力量。

从这份材料，可以看到：

1. 大别山金融工程在黄冈市已经取得的初步成效

从材料用的话语来说叫作“六个不断突破”。一是信贷融资不断突破；二是资本市场建设及融资不断突破；三是保险业发展不断突破；四是金融服务体系建设不断突破；五是金融创新不断突破；六是金融生态建设不断突破。

2. 实施大别山金融工程的主要做法

一是“一把手工程”谋划；二是“一揽子计划”推进；三是“一系列创新”驱动；四是“一体化机制”保障。

3. 进一步推进大别山金融工程的决心

黄冈市领导在初步成效面前依然看到了自己的差距，依然保持着清醒的认识，并决心协同推进大别山金融工程向纵深发展。

我们再来看第三份材料。这是红安县县长田胜辉同志在金融工程现场会上的发言材料。黄冈市从 2014 年春天开始在全市所辖的 2 个市、8 个县、2 个区全面实施大别山金融工程。湖北省政府在 2014 年将其中的红安县和麻城市作为湖北省首批27个县市示范的典型。因此，在这次现场大会上红安与麻城这两个县市作为代表发言。

全省县域金融工程现场会发言

尊敬的曹省长、尊敬的各位领导：

首先我代表红安县委、县人民政府和66万老区人民对大家莅临红安表示热烈欢迎！对各相关方面长期以来给予红安老区的关注支持、指导帮助表示衷心感谢！下面我简要向大家汇报我县推进实施县域金融工程的情况。

近年来，在省、市的正确领导下，特别是在相关金融机构的大力支持下，我县以推进县域金融工程为抓手，不断探索县域金融改革新路径。截至2014年10月，存款余额171.2亿元，比年初增长1%；贷款70.2亿元，比年初增长38%；贷存比达到41%，比年初增长5个百分点。贷款增幅分别高于全省、全市24.9和20个百分点；金融生态环境排名从全省第69位跃升至第9位；贷款增幅连续三年位于全市第一，连年被评为全省“金融信用县”“保险先进县”，2014年被评为全省“最佳金融信用县”。我们的主要做法是：

一、坚持系统谋划，强化顶层设计

一是加强组织架构。成立了县长任组长的金融工作领导小组，在全市率先成立了金融工作局，引进1名经济学博士、多名金融专业干部，配优配强工作专班。通过专题讲座、媒体宣传推进金融知识普及化。以县政府全会的形式深入推进实施“金融创新八大工程”（金融发展强基工程、信贷主体培植工程、信用体系建设工程、融资平台建设工程、金融机构建设工程、企业上市培植工程、社会诚信还款工程、保险行业创新工程），金融工作全面迈入了目标化引领、项目化管理、高效化运行的轨道。二是制定发展规划，与武汉大学中国金融工程与风险管理研究中心签订了合作协议。制定了《金融工作中长期规划》《社会诚信体系建设规划》，出台了《县域金融工程实施方案》。确定2016年年底之前全县累计引进银行金融机构3家；实现挂牌四板企业40家以上、三板3家以上，直接融资15亿元以上；贷款达到100亿元以上，贷存比达到45%以上。目前已引进银行金融机构2家，企业已挂牌上市18家，贷款规模和贷存比超预期进度。三是强化政策支持。先后出台了《金融机构信贷考核奖励办法》《政府性资金存贷挂钩办法》《推动企业上市奖励办法》《加快金融中心建设实施意见》等一系列政策，不断完善金融支持县域经济发展的政策体系。依据这些政策，我们每年列支500万元作为金融发展专项基金，仅2014年就兑现上市奖励资金372.2万元，累计调整政府性存款13.4亿元。

二、优化金融生态，构建信用体系

一是深化信用创建。大力实施“中小企业信贷培植”，累计培植A级信用企业165家。全县共建立村组金融服务联系点达836个，评定农村青年信用示范户300户，信用乡镇、信用社区100%全覆盖。实施金融债权零容忍，向公职人员下发贷款清收函，催收银行欠款594.6万元。全县金融债权胜诉案件执结率达到了100%。二是严格考核管理。实施“征信三纳入”，即将信用乡镇、信用社区创建纳入乡镇年终目标管理范围；将“企业信用报告”纳入政府招投标资格审查范围；将“个人信用报告”纳入县管干部选拔任用考察范围。对业绩突出的银行行长给予“突出贡献奖”奖励，对信贷投放超任务的单位进行重奖。三是及时化解风险。县政府及时召开会议专题研究解决5家企业到期还贷问题，采取多种方式帮助企业盘活资金。目前全县银行机构不良贷款率控制在0.56%，风险管控能力处全市前列。

三、拓宽融资渠道，助力实体发展

一是全力争取信贷。持续开展政银企对接活动，2014年已组织了三次银企对接会，截至目前银企签约贷款已达22.35亿元，已落实19.8亿元，到位率达89%。已取得农发行易地扶贫搬迁贷款和金沙湖湿地公园水源保护项目贷款16亿元，正在争取10亿元的园区新型城镇化项目贷款。二是放大基金功效。县政府出资3个亿设立了“大别山振兴发展产业引导基金”，撬动20亿元资金规模扶持产业发展。出资1.15亿元设立了“信贷投放风险基金”，推出集合贷、助保贷、助农贷、创业贷、扶贫贷等多个增信产品，构建了“政府+银行+保险+企业”的贷款保证保险业务模式，实施以来，企业通过政府增信产品贷款达3.47亿元。三是助推上市融资。积极引导企业进入上市后备资源库，全方位指导企业挂牌。截至目前，挂牌上市企业总数为18家，上市企业数量全市第一，在武汉股权托管交易中心开启了“大别山红色板块”。其中引领包装等三家企业已进入三板辅导期，上市挂牌企业已获直接融资1.76亿元。

四、坚持创新驱动，提升服务效能

一是重组融资平台。目前我县已着手启动城投、圆投、旅投、交投等政府投融资平台公司优化重组，通过注入货币资金、划拨资产等方式，走市场化融资道路。首期城投债发债规模可达10亿元。二是壮大金融主体。由县政府控股的国银担保公司（政府占股50.6%），其注册资本目前为全省县级同类公司最大（2.58亿元），该公司已为中小企业提供担保贷款达12.56亿元。积极引进培育小贷公司和金融服务中介公司（福元运通红安店），大别山等小贷公司已累计发放贷款1.91亿元。三是创新服务模式。在全国率先推行“双基双赢”(“双基”指基层党组织和基层信贷机构合作；“双赢”指满足“三农”信贷需求和加大金融机构信贷投入）合作贷款，有效缓解了农业经营主体和银行机构之间“贷难”与“难贷”的问题，截至目前共发放贷款6325万元。该项工作得到了国家银监会周慕冰副主席的高度肯定。在全国率先推出“E农管家”新型电商平台，2014年4月全国现场会在红安召开。在全省率先成立了保险经理联席会，推动“三农”保险服务全覆盖，经验被《湖北日报》专版推广。在全省率先推行公交金融IC卡应用，让市民出行搭上了现代金融的快车。在全市率先实行“融资收费监督卡”，仅房地产评估费一项就减轻企业负担370余万元。

我县在全力推进县域金融工程的同时，还结合精准扶贫、“十三五”

规划和大别山振兴发展规划的实施以及县域经济发展新趋向。一方面大力推进金融扶贫，成立了金融扶贫攻坚指挥部，出台了《扶贫小额信用贷款实施办法》《易地扶贫搬迁贷款实施方案》，县政府出资6000万元设立了风险基金用于支持精准扶贫工作；另一方面启动了金融中心建设，县政府计划投资10亿元打造金融大厦和民间金融街等要素市场，力争把红安打造成大别山地区有较大聚集力、带动力、影响力的区域金融中心，目前已完成土地征收和规划设计，各项工作正在有序推进。

各位领导！当前，红安正处于加快发展的关键期，也是金融事业蓬勃发展的黄金期。下一步，我们要认真贯彻落实本次会议精神，积极学习借鉴各方面的先进理念和实践经验，狠抓金融改革创新，扎实推进县域金融工程，努力争创全省、全市金融改革先行先试示范区，以优异的成绩回报省市各级领导的关怀与厚爱！

谢谢大家！

从红安县的这份材料，可以看出：

（1）红安县作为大别山金融工程示范县之一所取得的显著成效。

（2）红安县在实施大别山金融工程中的主要做法。

（3）红安县对于大别山金融工程的下一步打算。

我们最后来看麻城市常务副市长路明正同志代表市委市政府发言的材料。

发挥金融引领作用　促进县域经济发展

——骆明正同志在全省推进县域金融工程现场会上发言

全省县域金融工程试点工作实施以来，我们把金融作为经济发展的首要驱动力，坚持金融领先战略，实现了金融创新与经济增长的同步跨越。特别是在经济下行和重点项目贷款进入还款期的双重压力下，金融对实体经济的支撑作用明显增强。2015年前三季度全市地区生产总值、固定资产投资、财政收入、社会消费品零售总额等指标均居黄冈第一。全市金融机构各项存款余额294.5亿元，比年初增长16%；各项贷款余额在项目集中还贷15亿元的情况下仍达到160.78亿元，比年初增长10%。有12家企业在四板挂牌，股权直接融资7000万元。我市在连续7年获得金融信用县市基础上，2014年又获得了全省最佳金融信用县市称号。2013年和2014年连续两年县域经济考核位列全省29个国家和省级重点生态功能区县市第一位。

一、提高认识转观念，做好顶层设计

一是把金融工程作为“一把手工程”来抓。将金融工程作为促进经济发展的重要工作来谋划和推进，列入全市“十大改革五大创新”的重要内容，成立由市长任组长的县域金融工程领导小组，市政府多次召开专题会议研究金融工作，市主要领导带队考察学习外地金融创新工作经验。二是把金融工程作为人才工程来抓。设立招才引智基金，积极向专家团队购买智力成果。我们聘请武汉大学博导叶永刚教授，制定了金融工程方案；邀请中国现代集团总裁丁伯康博士，对城投公司转型方案进行研究和实施；委托国家发改委专家为我市制定“十三五”金融规划。三是把金融工程作为系统工程来抓。全市多次组织各乡镇办及市直部门主要负责人学金融，先后邀请汇丰银行马晓萍、海通证券鲁公路、楚商资本岑卫华、武汉大学叶永刚等专家教授讲课，普及金融知识，提升金融理念，全市上下形成了“重视金融、发展金融”的思想共识。

二、突出重点谋创新、发展农村金融

麻城是农业大市，农村人口89万，占全市总人口70%以上，农村耕地面积110万亩，森林面积292万亩，规模以上农产品加工企业72家，农村金融是金融体系的重要组成部分，农业、农民和农村市场广阔，对金融的需求也大。我们围绕县域金融工程的总体目标，制定了《实施农村金融工程的指导意见》，重点推进农村金融工程。

（一）开展金融产品创新

一是结合农村土地确权登记开展农村“两权”抵押贷款试点。以汇丰村镇银行为代表，创新开展农村土地承包经营权抵押贷款业务，已向10余家农民专业合作社发放贷款。农信社创新“两权一房”抵押贷款产品，发放贷款1563笔、3.08亿元。二是结合金融精准扶贫开展扶贫小额贷款业务。充分发挥扶贫资金撬动信贷资金的杠杆作用，设立500万元的小额信贷风险补偿金，通过农村商业银行放大信贷投放，降低贫困农户融资成本，实现增产创收、脱贫致富。三是结合“服务企业月”活动开展纳税信用贷。对符合条件的诚信纳税企业给予信用贷款，无须抵押和担保。市国税局与建行合作发放贷款万元支持中小企业发展。四是结合大别山产业基金管理创新信贷新产品。将大别山产业基金拿出30%作为风险补偿基金，利用政府增信，与金融机构合作形成融资放大作用，撬动18亿元的信贷投放，较好地帮助中小企业破解了融资难题。五是结合保险公司的职能开展小额贷款保证保险。构建政、银、保、企四方合作体系，小微企业在无须提供抵押和担保的条件下，以合理的融资成本获得银行贷款。

（二）实现农村金融全覆盖

大力发展“普惠金融”，让广大农村真正享受现代金融服务，实现农村金融服务全覆盖。我们强化“民生工程”和银行网点服务，推进“银行+”网点下沉工程，开展“银行＋供销社”的“裕农通”，“银行＋农村支部”的“双基双赢合作贷款”，“银行＋农村便利店”的“智慧银行”和“惠农通”工程，“银行＋社区”“银行＋网格”的“社区银行”等多种形式，全市建立了1257个金融服务联系点，开通了79个营业网点，建立了3个智慧银行、3个“双基双赢”合作点、9个社区银行，实现了农村金融服务全覆盖。

（三）建立金融风险防控体系

在促进市场繁荣的同时，我们高度重视对金融市场的监管，严厉打击非法集资等扰乱金融市场稳定的行为，成立了打击和处理非法集资工作领导小组，明确了相关职能部门的责任。我市金融市场体系不断完善，协调监管机制不断加强，为金融市场的发展创造了良好的生态环境。

三、提质增效强引导，推进企业上市

我们把引导企业进入资本市场，以资源换资本，以股权换资金作为金融创新的突破口，加快推进企业上市工作。一是组建了专班。成立了企业上市工作领导小组，组建了工作专班，出台了指导意见和实施办法，加强对企业的宣传培训，积极稳妥地推进企业上市。二是设立奖励资金。市财政预算500万元作为上市上柜奖励资金，对上市上柜企业和所在的乡镇办、区给予资金奖励。三是实现了上市融资的突破。我市有12家企业成功在四板市场挂牌，形成了“大别山麻城发展”板块，企业股权融资7000万元。四是储备了后备企业。目前有38家企业进入四板、3家企业进入新三板、1家企业进入主板上市后备企业资源库。

四、规范管理建制度，做大担保公司

市政府与民间资本合作，设立了一家政府参股的担保公司，前期注资4200万元，后续又追加注资5800万元，达到总资本2.2亿元，担保金额11亿元。市政府派出专人担任担保公司副总，加强对公司财务监管，建立健全制度。另引进民间资本设立一家担保公司，两家担保公司与市内所有的金融机构都建立合作关系，目前在保余额已达到15亿元，为支持实体经济发挥了积极作用。

五、优化环境重服务，完善金融体系

积极主动为金融机构开展优质服务，促进了金融体系的不断完善、金融机构的不断健全和金融市场监管的不断加强。一是加大金融招商力度。组建金融招商专班，安排专项工作经费，修订完善引进金融机构奖励办法，鼓励市外银行业金融机构来我市设立机构总部或分支机构，进一步完善我市银行机构体系。二是健全金融体系。在2011年成功引进大别山地区首家外资金融机构汇丰村镇银行的基础上，2014年海通证券落户，2015年武汉农商行筹划开业，全市已有1家村镇银行、1家典当行、1家P2P理财公司、2家担保公司、3家证券机构、3家资产管理公司、4家小贷公司落户，正在积极洽谈引进民生银行、招商银行、交通银行、湖北银行等金融机构。三是搭建政银企合作平台。为了帮助新常态下企业走出困境，我们组织开展以“银风支实暖微”为主题的政银企对接活动，出台政府公共资金存放与银行贷存比挂钩管理办法，促进金融机构加大对实体经济的支持力度。四是优化金融生态。积极培植信用乡镇、信用村组、A级信用企业，全市建立了1257个金融服务联系点，开通了79个营业网点，实现了农村金融服务基础设施的全覆盖。

我市金融工作虽然取得了一定的成绩，但是与上级要求相比仍然存在很大的差距。下一步，我们将借本次会议的东风，进一步在引进保险资金和各类基金投资、建立经济金融发展的绩效评价体系、实施新型城镇化金融工程等方面下功夫，注重上好市场大学、用好金融工具，促进县域经济更好更快发展。

从这份材料，可以看出：

（1）大别山金融工程在麻城市所取得的成效。

（2）麻城市在实施大别山金融工程中的主要做法。

（3）麻城市实施大别山金融工程的下一步部署和安排。

有了2015年的这几份材料，我们不难看到，在不到两年的时间里，由于省、市、县三级领导的高度重视和大力推进，大别山金融工程在黄冈市如火如荼地开展起来，不仅取得了初步成效，而且这种做法及其成效已经走出本地区，直接影响到外地了。

2018年2月17日于珞珈山

大别山金融工程逆风而上（2016年）

2016年是大别山金融工程实施的第三个年头。

三年了，到底成效如何？

还是一起来看黄冈市政府给我们提供的两份材料吧。第一份材料为《2016年金融快报》。尽管这是2016年的快报，但它反映的是大别山金融工程实施三年以来的总体情况。这里不仅有三年完成的主要金融指标，而且从金融体系建设、类金融业发展、金融服务创新、多层次资本市场建设和金融精准扶贫五个方面对大别山金融工程的整体情况作出了总结和报道。

2016年金融快报

黄冈市金融工作局

（2017年1月）

黄冈市委市政府持续实施大别山金融工程，久久为功。2016年，黄冈市实现社会融资规模（净增量）271.05亿元，同比增长20.07%。其中，贷款净增169.52亿元，同比增长17.1%；委托贷款净增23.05亿元，同比增长11.2%；未贴现的银行承兑汇票28.6亿元；企业债券融资56.7亿元，同比增长183.5%；股票融资（上市股权融资）6.1亿元，同比增长10%；保险赔付融资40亿元，同比增长48%（2016年大灾）；其他直接融资（基金）4.8亿元。

一、金融体系建设

自2014年年初大别山金融工程实施以来，累计引进、新设银行及非银行金融机构41家。其中，引进银行机构6家（国有银行2家，交行、招行；全国性股份制银行2家，光大、华夏；地方法人银行2家，湖北银行、武汉农商行），新设农商行10家，新设村镇银行9家，新设保险机构10家，新设证券营业机构（营业部）6家。

二、类金融业发展

（一）类金融机构

试点发展民间资本管理机构、民间投资登记服务机构、民间小贷机构、融资性担保机构、投融资类金融机构。至2016年年底，全市民间投融资机构总数超过768家。其中，小贷公司22家，资本22亿元，贷款余额11.9亿元；融资担保机构19家，资本30亿元，在保145.7亿元；民间资本管理机构4家，资本4.5亿元。

（二）金融要素市场

搭建资源变资本、资本变资金通道，推进资产证券化，将资源优势转化为发展优势。其中，农村综合产权交易市场进入颁证阶段；市县（市）交易系统建设已开工，计划在2017年一季度挂牌运行。湖北李时珍中药材交易中心已经由省政府批复，并于10月26日揭牌。PPP资产交易中心、互联网金融资产交易中心已分别形成建设方案，正在申报审批中。

（三）金融中介服务市场

设立澳大利亚国家证券交易所中国中部地区联络处和澳大利亚金融投资集团中部地区中小企业境外上市辅导中心，开辟海外上市融资通道。

三、金融服务创新

截至2016年年底，全市贷款同比增长17.7%，连续三年位居全省市州第一位，余额贷存比43.40%，较2015年年末提高0.7个百分点，比

2014年年初提高5.35个百分点。

（一）融资机制创新

建立政府、银行、担保、企业四位一体产融合创新模式；定期发布融资项目968个，融资需求500.9亿元，签约授信548亿元。

（二）信贷服务创新

实施“一行一策、一县一品”金融创新工程，推广纳税信用贷、三板贷、创客贷、助保贷、助业贷、助创贷、助农贷、扶贫贷等融资产品。黄冈建行和黄冈农行分别成为建总行、农总行创新实验基地，试点股权质押、订单质押、动产质押、保单质押、应收账款质押等抵质押方式，其中2016年应收账款质押融资同比增长6倍，达到69亿元。

（三）保险服务创新

试点运用保险机制提供公共服务的方式，利用城乡居民医疗保险金购买意外伤害及大病医疗商业险，放大资金使用效应。全市2亿元医疗保险资金，保障总额2000亿元。推行医疗责任险、环境污染责任险、安全生产责任险、食品安全责任险等，风险保障总额5亿元。

（四）农村金融综合改革试点

推进武穴农村土地承包经营权抵押贷款国家级试点，建立2000万元经营权抵押贷款专项风险补偿资金。推进罗田县农村金融综合改革国家试点，已建立多个改革试点配套资金池，资金池担保信贷投放3.21亿元、续贷过桥2.52亿元。推进浠水县农村合作金融创新省级试点，形成了“会员＋农合联＋银行＋担保公司＋保险公司”五位一体的融资合作模式，已建立涉农专项贷款风险金5000万元，已为165户会员发放涉农贷款1.02亿元。

四、多层次资本市场建设

（一）推进企业上市工程

到2016年年底全市挂牌企业375家，其中新三板挂牌企业18家、四板挂牌企业357家，另有“金种子”企业5家。上市企业总数和新三板企业均仅次于武汉市，位列全省第二。在全国率先形成新三板地方板块“大别山·黄冈板块”；四板市场形成了红安、麻城等7个特色县域专板，居全省之首。上市企业通过增资、做市、增发、债转股等方式新增融资6.11亿元，累计实现融资35亿元。

（二）发展私募股权基金

市政府层面设立了创业投资引导基金，规模2亿元。至2016年年底，引进设立了大别山绿色发展股权投资基金，规模50亿元；中欧基金，规模1亿元；约瑟基金，规模2000万元；高投天使基金，规模1000万元；各县市建立扶贫基金，总规模已达5.5亿元。对接长江经济带产业基金，长江循环经济示范园（国家废旧纺织品循环再利用基地）正式落户黄冈。

（三）利用政策性专项基金

争取中央和省预算内项目共355个，已利用中央和省预算内投资17.11亿元。全市已与政策性银行签约专项基金项目34个，专项支持21.5亿元。

（四）推进债券及银行间票据融资

2016年债券及银行间票据融资新增56.7亿元，实现历史性突破。其中市县城投债36.7亿元，首次在银行间交易市场发行20亿元的定向融资工具（PPN）。

五、金融精准扶贫

组合实施金融扶贫措施办法，推行金融机构单设扶贫部门、单列信贷规模、单设扶贫产品、单独评价考核的金融扶贫“四单”制管理。设立扶贫基金，为贫困户提供增信、贴息、投保和保费补贴。力推10万元内、无抵押、免担保、全贴息的小额扶贫贷款，支持贫困户发展产业和有稳定收益的股权投资。创建金融扶贫示范村，建立金融精准扶贫工作站。至2016年年底，全市扶贫基金达到5.5亿元；各金融机构单设扶贫金融产品30余种；已发放小额扶贫贷3.66亿元。

建立政银保风险分担机制，推出“你贷款、我保险”的扶贫保证保险，承保贷款额5788万元。推出派驻精准扶贫村第一书记和驻村扶贫工作队队员意外伤害保险，保额3亿元。定制种养业专项保险，5大类、8个特色种养业在保，保额10亿元。

这三年的情况可与第一年所确立的目标进行比较分析。

（1）第一个指标是要引进金融机构20家。在这里实现了41家。

（2）第二个指标是挂牌上市企业200家。在这里超过了200家。

（3）第三个指标是直接融资120亿元。在这里，推进企业上市实现融资35亿元，设立大别山绿色发展股权投资基金50亿元，推进债券及银行间票据融资56.7亿元。仅这几项就已经做到了140亿元以上。

（4）第四个指标是表内外贷款净增合计500亿元。黄冈市3年贷款净增合计506.38亿元。

（5）第五个指标是表内余额贷存比达到50%以上。在实施大别山金融工程前的2013年，黄冈市贷款全年增长为100.4亿元，贷存比为38%。三年来，黄冈贷款年均净增169亿元，年均增幅高达20%，连续三年位居全省前列。余额贷存比达到43.40%，较2013年年末提高了5.4个百分点。如果再考虑表外的数额，其指标将远远超过预定的比例。

在这里还有一点需要说明，这三年正是我国面临经济下行压力的时期，而黄冈由于实施了大别山金融工程，所有的经济指标和金融指标都逆势上扬，一片飘红。这里面的深刻道理和原因的确值得学习和思考。

再来看黄冈市政府提供的第二份情况报告材料。这份材料更为全面、系统地对大别山金融工程三年的历程进行了分析和总结。

大别山金融工程实施情况报告

（2017年2月）

2016年是黄冈大别山金融工程实施的第三年。三年来，我们坚持金融领先战略，以大别山金融工程为载体，用工程化理念和思维，系统规划、全面实施、持续推进，实现了“一年大变化，两年大发展，三年大提升”目标，开创了经济金融深度融合发展局面。

一、“三大特征”彰显大别山金融工程新理念

金融是经济的血液；金融资源是发展的“本钱”。长期以来，黄冈发展不够的一个重要因素是金融发展不够。大别山金融工程实施前，黄冈只有8家银行，金融服务体系不健全，银行机构少且市场竞争与保障能力不足；实体经济融资渠道单一，过度依赖银行贷款，直接融资占社会融资规模的比重不到3%；金融创新乏力，金融资源的利用与配置效率低，贷存比只有38%，62%的银行资金外流；资本市场发育与资产证券化严重滞后，只有12家企业在区域性股权市场挂牌等。临渊羡鱼，不如退而结网。我们紧紧牵住金融“牛鼻子”，2014年4月与武汉大学合作，全面启动实施大别山金融工程，以有效聚集和配置金融资源，建设大别山腹地的金融资源吸附中心、配置中心，形成金融洼地，服务经济发展。大别山金融工程的主要特征有如下几个方面。

一是系统化设计。从2014年年初开始，武汉大学叶永刚教授及其研究团队进驻黄冈，深入全市11个县市区，到各金融机构、各产业部门、重点企业，进行全方位调研座谈，梳理出黄冈金融业短板。针对黄冈实际，从建立金融体系到发展多层次资本市场，从加速资产证券化到建设区域金融中心，从金融服务创新到金融风险防控，立足区域金融要素的全链条、金融运行的全过程进行统筹设计。既彰显黄冈特色，又突出“服务实体经济”这个根本；既有实施目标，又有实施路线图、时间表。规划目标是到2016年年底，初步建立较为完备的金融体系，引进银行和非银行金融机构20家；初步建成多层次资本市场，在股权市场挂牌企业达到200家；间接融资持续增长，三年表内外贷款净增共450亿元，贷存比提高3个百分点；推进资产证券化进程，发债规模超过30亿元。

二是工程化实施。围绕产业链部署创新链，围绕创新链完善金融链。系统推进实施金融体系建设工程、产业金融工程、企业上市工程、管理机制再造工程、金融服务创新工程、金融中心建设工程六大子工

程。从2016年8月开始，我们又在六大子工程基础上印发了《大别山金融工程升级方案》，着力打造大别山金融工程升级版，驰而不息推进金融服务体系升级、资本市场建设升级、金融服务创新升级、类金融业态发展升级、金融扶贫升级、金融生态升级。

三是全域化推进。实施一把手工程引领，市县两级党委和政府一把手、市直部门一把手亲自抓金融，研究金融。组织各县市区委书记、县市区长、市直部门一把手分批到高校专修金融、到外省学习考察金融。整合政府、企业、金融机构、中介机构、研究机构等五方力量，形成五位一体推进模式。市本级及十个县市区既有市域统一规划、统一要求，又有县域差异化安排、差异化突破；既设置规定动作，又鼓励创新竞争。在全省率先打造第一个以市州为单位整体推进的金融创新平台。印发了《大别山金融工程考核评价办法》，建立目标责任制和督办考评机制，并纳入县市区班子考核体系。实行看表管理、挂图作战，一月一督办、一季一通报，每半年对考核末三位的县市进行约谈。

二、"四大突破"凸显大别山金融工程特色

（一）以建立现代金融体系为"第一追求"，久久为功，不断突破

把建立开放多元、充分竞争的现代金融体系作为大别山金融工程的基础性工作，系统谋划和创新金融与类金融发展办法。先后出台《引进银行业金融机构试行办法》《加快保险发展的意见》《促进创业投资指导意见》等一系列机制办法，全面加快银行、证券、保险、基金、股权投资、小贷、担保等金融与类金融业态的引进、合作与发展。在完善银行业服务体系上，三年引进、新设23家银行机构，同时加速推进银行机构向县域布局延伸。至2016年年底，全市银行业机构达31家，网点655个，银行业机构数和网点数由全省市州末位均上升至第三位（仅次于武汉和宜昌）。在完善保险和证券服务体系上，积极规范保险市场、发展保险新业态、拓展保险新领域；推进县市证券服务全覆盖。至2016年年底，全市保险机构达41家，证券营业机构达8家；保险深度达4.1%，保险密度达986元／人。在发展类金融业上，规范发展民间金融

业，激发民间投资，作为金融体系的有益补充。

2016年年底，全市民间投融资机构总数达768家。大力发展金融要素市场，建立农村综合产权交易中心，设立湖北李时珍中药材交易中心，筹建PPP资产交易中心和互联网金融资产交易中心，搭建资源变资本、资本变资金通道，加快资产证券化。至此，大别山腹地较为完善的信贷市场体系、资本市场体系、保险市场体系及类金融市场体系等现代金融体系格局基本形成。

（二）以提升金融服务质效为“第一目标”，协同联动，不断突破

一是创新融资协同服务机制。建立政府、银行、担保、企业四位一体产融合作平台，形成产融对接合作新模式。3年来黄冈市政府与省一行三局及近40家上级金融机构达成战略合作协议，给予黄冈振兴发展金融政策支持和金融资源支持，协议承诺3—5年投入黄冈金融资金3810亿元。平台定期发布融资项目和金融产品，定期开展专场对接并跟踪协调落实，产融对接项目共2680个/次，仅2016年对接融资项目968个，授信548亿元。二是创新企业上市孵化机制。每年召开资本市场建设工作会、定期召开推进企业上市例会。设立“企业上市孵化专项资金”，健全企业上市政策保障机制、资金投入机制、协调服务机制。制定《企业上市绿色通道制度》和服务包保制；对拟上市企业按贡献地方所得净财力予以等额返还；股改上市同时给予大额补贴，企业上市基本实现低成本股改、零成本上市。已累计对企业挂牌上市补贴9000万元，配套投入项目扶持资金20多亿元，全市企业上市实现大跨越。至2016年年底，全市挂牌企业共375家，其中新三板挂牌18家、四板挂牌357家。挂牌企业总数和新三板企业均仅次于武汉市。三是创新投资引导机制。设立了规模2亿元的创业投资引导基金，大力引进风险投资，合作支持优势产业和特色产业。已引进设立大别山绿色发展股权投资基金，规模50亿元；中欧基金，规模1亿元；约瑟基金，规模2000万元；高投天使基金，规模1000万元；扶贫基金，规模达5.5亿元。实现各类产业基金从无到有、从小到大的迈进。四是创新运用直接融资工

具和金融中介服务。设立武汉股交中心黄冈分中心、澳大利亚中国中部企业境外上市辅导中心，为企业上市及市场融资提供专业化服务。三年来，全市股权、债券、基金等直接融资规模不断突破、连年倍增，2016年直接融资达到67.6亿元，直接融资比重提高到24.4%，达到全省领先水平。

（三）以加快金融改革创新为“第一动力”，先行先试，不断突破

抢抓大别山革命老区振兴发展战略之机，用好先行先试权，实施“一行一策、一县一品”的金融创新工程，推进多种创新做法，复制推广，迅速形成全面创新发展局面。武穴市成为全国农村承包土地经营抵押贷款试点县（市）；罗田县成为全国农村金融综合改革试点县；浠水成为全省农合金融试点县；黄冈成为农总行和建总行创新实验基地。一是改革政府资金支持方式。整合财政资金，设立信贷风险补偿金、融资担保金、保证保险金、过桥转贷金，建立政府、银行、保险风险分担与合作共赢机制，撬动信贷投放。全市风险补偿金已达32.2亿元，按7—10倍放大，拉动信贷投放240亿元；注入担保总金额29.9亿元，在保贷款余额近200亿元；过桥转贷金12亿元，累计为企业过桥转贷近30亿元。在发挥财政资金杠杆作用的同时，较好地引导了市场对资源的优配。二是试点推广信贷创新产品。加快融资新产品开发与应用，为产业定制金融服务。推广纳税信用贷、三板贷、创客贷、助保贷、助业贷、助创贷、助农贷、扶贫贷等信贷新产品。试点股权质押、订单质押、动产质押、保单质押、应收账款质押等抵质押，其中2016年应收账款质押融资同比增长6倍，达到69亿元。三是探索保险新服务。试点运用保险机制提供公共服务，利用城乡居民医疗保险金购买意外伤害及大病医疗商业险，全市2亿元医疗保险资金，保障总额达2000亿元，放大政策性资金使用效应。推行医疗责任险、环境污染责任险、安全生产责任险、食品安全责任险等，风险保障总额达5亿元。四是创新金融精准扶贫模式。推行金融机构单设扶贫部门、单列信贷规模、单设扶贫产品、单独评价考核的金融扶贫“四单”制监管办法。设立扶贫基金，为贫困

户融资增信、贴息、投保和保费补贴。力推无抵押、免担保、全贴息的小额扶贫贷款和扶贫保证保险以及种养业专项保险，探索形成了“政府＋银行＋保险＋产业＋贫困户”的五位一体金融扶贫模式，在全省推广。至2016年年底，全市金融扶贫投入280亿元；扶贫基金达到5.5亿元；开发易地搬迁贷、光伏贷、“喜羊羊”和“栗栗飘香”扶贫贷等扶贫金融产品30余种；在保8大特色种养业，保额达10亿元。

（四）以打造优良金融生态为“第一保障”，孜孜不倦，不断突破

一是完善征信评价系统。建立信用信息共享平台及诚信激励机制和失信惩戒机制。企业信用信息实现全市57个部门之间共享，与全省工商系统、全国企业信用信息公示系统实现互联互通。二是建立金融生态建设长效机制。健全金融行政执法联席会议制度，建立金融运行分析例会制，实施不良贷款清单销号制，形成维护金融债权常态化机制，2016年全市银行业收费项目同比减少55项，收费水平下降了11.41%。三是实施信用主体培植工程。2016年培植、新增A级信用企业308户，全市A级和A级以上信用企业发展到3129户，比实施大别山金融工程前增加1800多家。四是持续开展信用创建活动。推进信用县市、信用社区、信用乡镇、信用企业创建，确立每年11月22日为黄冈诚信日，开展“11·22”诚信日宣传活动。五是健全打击非法集资工作机制。建立政府领导、条块结合、覆盖全市的非法集资防控处置工作网络，持续开展7个分领域专项排查治理工作，实现区域风险可控。

三、“五个前所未有”展现大别山金融工程品牌

实施大别山金融工程，开创了黄冈经济金融史上“五个前所未有”。

一是信贷增速连续三年高居全省市州第一前所未有。金融工程实施效应明显，实施大别山金融工程之前的2013年，黄冈市贷款全年增量为100.4亿元，贷存比为38%。2014年至2016年，在经济下行压力加大的形势下，黄冈三年贷款净增合计506.38亿元，年均净增169亿元，年均增幅高达20%，连续三年位居全省前列。贷存比达到43.40%，较2013年年末提高了5.4个百分点。

二是金融机构批量进驻黄冈的密度和普惠金融覆盖广度前所未有。三年新设武汉农商行黄冈分行、交通银行黄冈分行、光大银行黄冈分行、华夏银行黄冈分行、湖北银行黄冈分行、招行黄冈分行（升格）6家分行级机构以及9家农商行、9家村镇银行；新设10家保险机构、6家证券机构。金融机构数量由全省市州“摆尾”到领先。在全省率先开展金融服务网格化试点，已建立金融网格工作站3504个，覆盖全市290个社区和3214个行政村，在全省率先实现社区和行政村金融服务全覆盖。

三是资产证券化速度之快和挂牌企业数量之多前所未有。黄冈率先在全国中小企业股份转让系统（新三板）建立了第一个地市级专板——“大别山·黄冈”板块；黄冈率先在全省开辟海外上市融资通道，构建企业内外上市两个渠道。黄冈三年新增挂牌企业363家，新增数居全省各市州第一；直接融资突飞猛进，2016年直接融资67.6亿元，其中债券融资48.7亿元，直接融资额和直接融资比重由2013年全省末位一跃现居全省前列。

四是金融产业发展和金融增加值增长之快前所未有。三年来，金融在向民生“输血”，为产业“造血”，助推黄冈振兴崛起的同时，金融业自身实现了快速发展。2016年全市金融业增加值90.1亿元，是2013年年末的1.7倍；金融业增加值占GDP比重为5.2%，比2013年年末提高近2个百分点。

五是金融生态水平和信用评价提升之快前所未有。在经济持续下行、各地不良贷款普遍双升的情况下，我市不良贷款率稳中有降，2016年年末不良贷款率比2013年年末下降1.04个百分点。2015年、2016年，黄冈市及所辖10个县（市、区）均获得省政府“金融信用市州县”称号，连续两年实现“满堂红”。全市信用社区和信用乡镇占比分别达到92.76%和97.62%。

2015年，全省金融工程现场会在黄冈召开、全省金融网格化现场会在黄冈召开。2016年，全省金融精准扶贫现场会在黄冈召开、全省首家金融精准扶贫工作站在团风县揭牌、湖北金融“早春行”活动首站走进黄冈。2016 年由省政府、光明日报社和武汉大学联合主办的大别山金融论坛在黄冈举行，国家有关省部领导和国家级专家出席并发表讲话，肯定黄冈做法，推广黄冈经验。2015 年和 2016 年光明日报社、武汉大学联合在北京主办金融风险论坛，邀请黄冈相关人员交流了做法，大别山金融工程在全国叫响。

这份材料分析和强调了大别山金融工程的“三大特征”和“四大突破”。

（1）大别山金融工程的“三大特征”，一是系统化设计，二是工程化实施，三是全城化推进。

（2）大别山金融的“四大突破”，一是以建立现代金融体系为“第一追求”，二是以提升金融服务质效为“第一目标”，三是以加快金融改革创新为“第一动力”，四是以打造优良金融生态为“第一保障”。

这份材料还展现了大别山金融工程这三年来在黄冈经济金融史上所开创的“五个前所未有”。

（1）信贷增速连续三年高居全省市州第一前所未有。

（2）金融机构批量进驻黄冈的密度和普惠金融覆盖广度前所未有。

（3）资产证券化速度之快和挂牌企业数量之多前所未有。

（4）金融产业发展和金融增加值增长之快前所未有。

（5）金融生态水平和信用评价提升之快前所未有。

在这里介绍完了这两份材料，不知大家有什么感受。我的内心深处有一种心潮起伏的感动，仿佛看见大别山一片浓郁而又鲜亮的色彩。在这片大地上，秋叶红了，枝头上挂满了沉甸甸的果实……

2018 年 2 月 18 日于珞珈山

大别山金融工程强势推进（2017年）

2017年是大别山金融工程实施的第四个年头。这一年是黄冈市的一个特殊时期，即面临着市委市政府领导班子的大换届。陈安丽市长调任之后，由肖伏清市长接任。肖伏清市长干完十个月后，又由刘美频市长接任。刘美频市长干完五个月后，又由邱立新市长接任。

尽管人事变动在这一年十分频繁，但是大别山金融工程的推进依然强劲而有力。历任领导对此项工程丝毫没有放松，各级领导班子上下一心，同心协力。大别山金融工程依旧创新不断，成绩辉煌。

接下来看看黄冈市金融工作局提供的2017年金融工作报告。

2017年金融工作报告

黄冈市金融工作局

（2018年1月）

一、2017年金融指标完成情况

我市市委市政府持续推进大别山金融工程升级，取得新成效。2017年社会融资规模（增量）343.73亿元（2016年社会融资规模271.05亿元），同比增长26.81%，其中间接融资265.45亿元，直接融资78.28亿元。

（一）间接融资

全年新增间接融资265.45亿元；其中各项贷款净增247.28亿元，贷款余额1407.88亿元，同比增长21.31%，贷款增量居全省各市州第二（宜昌第一），增幅居全省第一；信托贷款18.17亿元。

（二）直接融资

全年新增直接融资78.28亿元，其中企业股权市场融资10.41亿元，同比增长17.05%；基金投资31.13亿元（不含外地基金投资我市和我市基金投资外地的），同比增长6.48倍；保险赔付36.74亿元，同比下降8.15%。

二、大别山金融工程主要工作及成效

（一）不断完善金融服务体系

引进2家银行机构，其中汉口银行黄冈分行已开业，中信银行获批筹建。银行机构总数达到33家（市级分行14家，县市农商行、村镇银行等法人机构19家）。引导银行机构向县市延伸，武农商、湖北银行黄冈分行新设3家县级支行。长江证券黄冈营业部升格为黄冈分公司，引进新设富德生命财产保险公司，设立黄冈市农村综合产权交易中心、湖北李时珍中药材交易中心等两个要素市场，正在申报筹建PPP资产交易中心和互联网金融资产交易中心。

（二）积极引导扩大信贷投放

推进信贷服务创新。实施"一行一策"金融创新工程，推广纳税信用贷、三板贷、助保贷、应收账款质押贷、"农村两权"抵押贷、易地扶贫搬迁贷、扶贫小额信贷等创新产品，信贷投放节奏进一步加快，资源转化效率大幅提升。贷款增量创历史新高，增速再居全省市州第一。年末余额贷存比46.29%，比2016年年末提高2.89个百分点；增量存贷比67.42%，比2016年年末提高19.45个百分点。

（三）大力拓展直接融资渠道

一是推进企业上市挂牌。今年新增新三板挂牌企业4家，总数达到22家；新增四板挂牌企业64家，总数达到427家。启动IPO 4家、报辅 2 家。挂牌企业总数继续保持全省前列。实体企业新增股权融资 10.41 亿元，累计股权融资 48.9 亿元。二是着力发展私募股权基金。市政府设立了创业投资引导基金。全市引进设立 11 支产业基金，新增基金投资 31.13 亿元，其中湖北长江（黄冈）联创股权投资基金实现投资 24 亿元，支持了绿宇环保、星晖新能源汽车等重大项目落地建设。三是着力推进债券融资，30 亿元中期票据获准银行间债券市场注册。

（四）努力提高保险服务质效

试点运用保险机制提供公共服务的方式，利用城乡居民医疗保险金购买意外伤害及大病医疗商业险，放大资金使用效应；推行医疗责任险、安全生产责任险、食品安全责任险，扩大政策性农业保险地域和品种覆盖率。目前全市实现保费收入 88.2 亿元，同比增长 25.57%；赔付支出 36.74 亿元，同比下降 8.15%（2016 年黄冈灾情严重，保险赔付较大）。

（五）全面推进金融精准扶贫

推行“单设扶贫部门、单列信贷规模、单设扶贫产品、单独评价考核”的信贷扶贫“四单”制管理。全年发放小额扶贫贷款 20.5 亿元。督导各县市区设立扶贫基金，全市总规模已达 7.8 亿元。基本实现了贫困户评级授信全覆盖和符合贷款条件的贫困户贷款全覆盖，实现了贫困户大病医疗补充保险、人身意外伤害保险全覆盖。

（六）积极防范和化解金融风险

一是大力清收化解银行不良贷款。对大额不良贷款实施清单销号制管理，持续开展不良贷款专项治理行动。目前，不良贷款率 2.79%（剔除粮棉油政策性挂账贷款，不良贷款率为 1.49%），比年初下降 0.35 个百分点。二是持续开展打击非法集资行动。强化宣传教育，开展风险隐患排查、整改，全年开展宣传教育活动 7 次，组织排查活动 3 次，移交司法机关立案 6 起。三是积极开展互联网金融专项治理，打击非法金融业务。健全机制，统筹协调，分类施策，针对 7 个领域强化排查处置，基本稳控互联网金融风险。

三、下一步主要工作

（一）持续发展金融服务体系

一是对新设各类持牌金融机构，继续给予政策支持。做好中信银行的批筹工作，落实对新开金融机构公共资金存储支持。二是支持金融机构向县市延伸，拓展金融服务体系。三是完善普惠金融服务网络，依托综治网格完善金融服务网格化，强化和拓展网格功能。四是进一步规范发展民间投融资。试点发展小贷公司，筹建PPP资产交易、华中互联网金融资产交易市场、华中农产品交易中心等金融要素市场。

（二）持续推进企业挂牌上市

落实企业挂牌上市目标责任制，既要企业挂牌上市的数量，又要质量和特色。持续加大挂牌上市辅导培训和政策激励，按照抓县市、抓部门、抓券商、抓督查的思路，加快推进企业挂牌上市步伐。开展政券合作支持上市企业融资。推进建立“大别山金融工程农业板块、扶贫板块”，争取作出特色。

（三）持续推进融资创新

用活政府公共资源，发挥财政资金、平台资金的引导、杠杆作用，撬动社会资本和信贷资金的投放。一是加快融资担保体系建设。加大国有融资担保机构注资，提升担保实力。加强与省再担保集团合作，以股权为纽带，建立省市县（市区）担保体系。二是出资做实转贷基金。帮助企业转贷过桥。三是加快增信体系建设。设立天乾（黄冈）资产管理公司和黄冈长利资产管理公司，收购处置银行不良贷款和企业债务，推进不良贷款化解和企业重组。四是推进农权质押、股权质押、订单质押、动产质押、保单质押、应收账款质押试点。五是建立金融与招商信贷供求信息对接平台，形成产融对接合作长效机制，提高项目融资服务质效。

（四）持续推进产业基金发展

做实黄冈市大别山振兴发展产业基金，政府出资建立引导基金，集合社会资本共同建立大别山革命老区振兴发展产业基金，设立基金管理公司以专业化运营管理基金。在政府引导基金下，引导社会资金合作设立绿色发展基金、园区产业基金、产业改造升级基金、重大项目专项基金、企业重组并购基金、科技成果转化基金等专项基金。推动发行扶贫债券、绿色债券，拓展融资渠道。

（五）持续推进金融精准扶贫

在厘清建档立卡贫困户和带动贫困户企业组织的有效信贷需求、分类制订金融扶贫任务清单、实施信贷任务包干基础上，加大督查力度，实现扶贫小额贷款风险补偿金全覆盖、对贫困户评级授信全覆盖、符合条件的贫困户扶贫小额贷款全覆盖。

（六）持续推进金融风险稳控

强化金融机构合规经营，控制风险，防止风险内外传导。持续加大防范金融风险打击非法集资力度。落实属地风险管控责任，持续开展风险排查及隐患整改工作。大力化解不良贷款、核销不良资产，加快困难企业债务重组，维护金融生态。坚决守住不发生区域性系统性金融风险底线。

从这份材料可以看到金融工程正在继续推进，在实施内容上有了一些新的变化。如果说大别山金融工程开始主要在解决融资渠道和产业融资问题，那么现在则越来越重视金融精准扶贫和金融风险的稳控工作。

看见了吧，大别山金融工程依旧红旗猎猎，仍然号角声声……

2018 年 2 月 19 日于珞珈山

大别山金融工程的升级跳

大别山金融工程从2014年春天开始，第一年就取得了较好的成效。到了第二年，大家不仅尝到了甜头，而且增添了信心。黄冈市委市政府并没有停下自己的脚步，而且一鼓作气将大别山金融工程推向了一个新的发展阶段，制定了大别山金融工程升级版的实施方案，并就整个"十三五"期间的发展目标和任务作出了具体的部署和安排。

来看下面的三份材料。第一份材料是黄冈市市长陈安丽同志2016年2月16日在全市大别山金融工程升级推进会上的讲话。

陈安丽同志在全市大别山金融工程升级推进会上的讲话

（2016年2月16日）

同志们：

这次会议是2016年第一次政府全会后的首个全局性工作会议。主要任务是认真贯彻落实市委四届十四次全会暨全市经济工作会议精神，总结大别山金融工程前期工作成绩，分析形势，查找差距，研究部署下一步工作，打造大别山金融工程升级版，全面提高金融支持经济社会发展质效。下面，我讲三点意见。

一、分析形势，提高认识，增强做好金融工作的责任感

自 2014 年 3 月以来，我们以大别山金融工程为载体，高标准设计，高规格动员，高效率推进，不断创新体制机制，拓展融资渠道，提升服务质量，改善金融环境，推动全市金融业发展在规模、增幅、实力等方面实现稳步上升，呈现出存贷增长趋快、投放结构趋优、融资渠道趋宽、风险防控趋强的良好态势，有力地支持了全市经济社会健康快速发展。一是信贷投放高速增长，连续两年高居全省第一。2014 年全市金融机构各项贷款增长速度高达 24%；2015 年在经济下行压力加大、银行普遍慎贷的形势下，各月贷款增长速度均保持在 20% 以上，年末各项贷款比年初净增 180 亿元，增长 22.19%，增量（除武汉外）、增幅居全省第一。2015 年贷款净增额是实施大别山金融工程前 2013 年的 1.8 倍。二是贷存比连续两年环比增长，资源利用效率稳步提高。2013 年年末全市余额贷存比为 38.05%；2014 年年末为 40.68%，比上年提高 2.63 个百分点；2015 年年末为 42.70%，比上年提高 2.02 个百分点。两年来，贷存比提高 4.65 个百分点。三是挂牌企业数量成倍增长，资本市场建设跃上新台阶。在全国中小企业股份转让系统（新三板）建立了“大别山·黄冈”板块，成为全国首家地市级专板。新三板挂牌企业达到 12 家，均为实施大别山金融工程后产生。全市在各类股权市场挂牌企业达到 165 家，新三板和四板挂牌企业数均在全省各地市州中排名第一（除武汉外），比实施大别山金融工程前净增 152 家。四是金融机构批量进驻黄冈，金融组织体系渐趋完善。引进分行级银行机构 6 家，其中交通银行、武汉农商行、招商银行黄冈分行已开业；光大、华夏、湖北银行黄冈分行已批在建，即将开业。新设村镇银行 9 家，改造农信社设立农商行 10 家，各县市农村商业银行、村镇银行实现全覆盖。全市银行业机构总数发展到 31 家，证券营业机构总数达到 7 家，保险机构总数达到 38 家，主体多元、竞争充分的金融机构体系逐步形成。五是普惠金融深入推进，基础服务实现村级全覆盖。大力推进普惠金融发展，在城镇建立金融服务网格工作站 772 个，在农村建立村组金融服务联系点

8227 个，基础金融服务功能实现了城镇社区、农村村级全覆盖，全市基础金融服务的覆盖率、可得性、满足度明显提高。六是金融改革不断突破，创新成果批量涌现。黄冈成为农总行、建总行创新实验基地，创客贷、政银合作贷、税收信用贷、扶贫开发贷、易地搬迁贷、保证保险、租赁融资、中小企业私募债等一批金融创新产品应用实施。设立创业投资引导基金（母基金），引进天使股资和风险投资，建立了北京约瑟基金、珞珈梧桐基金等多支子基金，拓展了融资路径。武穴市成为全国首批“农村两权”抵押贷款试点县市之一，罗田县被纳入全国农村综合金融改革试点。七是金融工程规划不断完善，人才队伍建设得到加强。在武汉大学中国金融工程与风险管理研究中心的具体指导下，我们不断完善大别山金融工程顶层设计，制定了六大子工程的具体实施方案，出台了一系列政策措施支持金融业发展。与此同时，市委、市政府高度重视金融人才队伍建设，加大金融培训力度，各级领导运用金融推动经济转型跨越发展的意识明显增强，全市上下形成了重视金融、研究金融、运用金融的浓厚氛围。

在肯定成绩的同时，我们也要清醒地认识到，当前我市金融业发展面临的困难和问题仍然不少：金融总量较小，直接融资水平较低，金融市场体系还不完善，金融业整体服务水平有待提升，贷存比长期低于全省、全国平均水平，金融核心作用没有充分发挥，中小企业融资难度仍然较大，融资渠道有待进一步拓展，“三农”工作、社会事业、民生领域仍处于金融服务的薄弱环节。对此，我们一定要高度重视，采取有力措施，认真加以解决。

金融是现代经济的核心。特别是在经济发展的新常态下，我们更应该进一步提高对金融工作的认识，把握形势，抢抓机遇，扎实推进。

第一，从内涵和外延上充分认识金融工作的重要性。金融，简单、通俗的理解就是资金融通。资金融通在过去相当长的时期是单一的银行间存贷款形式。随着经济社会的发展和金融创新的不断演进，金融已经深入渗透到政治、经济和社会生活的方方面面，从第一产业、第二产业到第三产业的发展，无一不需要金融的支持，呈现出参与主体多元化、服务形式多样化、影响范围深层化的特征。从党政机关、企业、个体工商户到干部、工人、农民无一不参与其中。从传统的银行、证券、保险及其跨界交叉产品到信托、基金、租赁、民间融资和新兴的互联网金融等，无一不在创新衍生。

第二，从功能和本质上充分认识金融工作的重要性。重庆市市长黄奇帆说："金融的本质说到底就是三句话：一是为有钱人理财，为缺钱人融资；二是杠杆作用；三是为实体经济服务。"我觉得这三句话把金融的功能和本质总结得非常到位。首先，为有钱人理财，为缺钱人融资。不论是银行、保险、证券还是租赁，都是起到为有钱人理财的桥梁作用，同时为企业融资提供资金来源。我们有十几个金融品种，不管是直接金融系统的资本市场发债券、发股票，还是间接金融系统的商业银行或者非银行金融系统，都是各种中介方式，本质上就是为有钱人理财，为缺钱人融资。其次，金融的特点就是杠杆。没有杠杆就没有金融。如果什么事都是1:1的，我拿100块给你，你就给我100块的货物，大家一手交钱，一手交货，就不需要金融手段了。银行的贷存比就是一种杠杆比例，股票市场搞融资融券也是个杠杆比，租赁、期货等都是通过借给你一定比例的透支来放大的，从而实现融资的目的。最后，为实体经济服务。金融如果不为实体经济服务，这个中心就变成以自我为中心，就会异化为一个自拉自唱、虚无缥缈的东西。金融只有在为实体经济服务的过程中，围绕着实体经济运转，才能成为中心。"百业兴，则金融兴；百业稳，则金融稳。"

第三，从地位和作用上充分认识金融工作的重要性。从国家层面来讲，中央经济工作会议强调指出，今后一个时期要坚持稳中求进工作总基调，坚持稳增长、调结构、惠民生、防风险，实行宏观政策要稳、产业政策要准、微观政策要活、改革政策要实、社会政策要托底的总体思路，重点要抓好"去产能、去库存、去杠杆、降成本、补短板"五大任务。中央经济工作会议明确的五个方面的政策和五大任务，每一个都与金融工作息息相关，足见金融地位的重要。从省级层面来讲，省委、省政府明确提出要以金融体制机制为突破口来支撑湖北经济转型升级跨越发展，把金融提到了前所未有的战略高度。从黄冈来讲，我们还是一个欠发达地区，无论哪一方面都需要金融服务跟进。特别是党中央、国务院出台的《关于打赢脱贫攻坚战的决定》《关于加大脱贫攻坚力度支持革命老区开发建设的指导意见》都对金融扶贫提出了明确要求。金融在产业扶贫、易地搬迁扶贫中发挥着重要作用。我们既是革命老区，又是贫困地区，脱贫攻坚任务重。运用金融手段、金融工具，调动金融资源支持扶贫脱困是改善民生、实现共享发展的应有之义。

综上所述，做好金融工作是促进经济社会发展的客观需要，是巩固和提高执政能力的内在要求，我们务必高度重视，一定要站在现代化建设全局的高度，坚持把金融工作摆在突出的重要位置，切实增强做好金融工作的使命感和责任感，不断强化金融意识，充分利用金融手段，更好发挥金融作用，让金融真正成为促进全市改革发展的重要支撑。

二、明确目标，突出重点，打造大别山金融工程升级版

全面实现今年经济社会发展各项目标任务及“十三五”发展规划，需要充分发挥金融对经济社会发展的支撑作用，全力推进大别山金融工程不断升级。下一步推进大别山金融工程的总体思路是：以党的十八届五中全会、中央经济工作会议、中央扶贫开发工作会议精神为指导，全面贯彻落实全省经济工作会议和市委四届十四次全会暨全市经济工作会议精神，围绕市委市政府“双强双兴”发展战略和“四大行动”工作重点，全面落实“十三五”发展规划，以完善金融体系、创新金融服务为主线，以有效聚集和利用金融资源、扩大社会融资为重点，以建设区域性金融中心、加快经济金融发展为目标，全面打造大别山金融工程升级版。

大别山金融工程升级的总体目标。一是金融机构体系健全。银行、保险、证券、融资性担保、金融租赁、商业保理、信托、财富管理、支付结算、网络借贷、股权众筹/金融中介以及金融要素市场等金融及泛金融业态完善，功能牌照齐备，数量在大别山片区居首位。二是金融规模及比重领先。银行贷款余额与GDP的比重力争达到1:1（上海、北京为2:1，一般省会城市为1:1），金融业占GDP的比重力争达到6%—7%（上海为12%，北京为14%，湖北省为5.6%）。三是社会融资结构优化。多种融资工具得以竞相利用。社会融资总量中，直接融资比重达到20%以上。四是基本实现国民经济资产证券化。即上市资产市值与GDP的比重力争达到85%以上。五是要素市场体系完善。建立健全的股权、农权、林权、金融资产、碳汇、知识产权、矿权、农畜产品交易市场；交易品种覆盖大别山区域所有主导产业、特色产业、优势资源。

近两年大别山金融工程重点是要着力推进十大工程建设。一是大别山金融中心建设工程。加速金融业态聚集，形成业态完善、功能齐全的金融功能区。二是大别山科技金融工程。建设大学生创业就业金融孵化平台，推动100家以上科技型企业上市。三是大别山保险业金融工程。积极对接、利用保险投资；开发保险新产品，扩大保险覆盖面，发挥保险的社会保障和风险分散功能。四是大别山生态农业金融工程。加快农业资源整合，发展农产品电商业；推进农业产业龙头企业上市。五是大别山制造业金融工程。加强对制造业的金融资源配置；加快企业股份制改造，推进制造业批量上市。六是大别山文化旅游金融工程。创新旅游融资方式，加快旅游资源资产证券化，推进旅游业上市。七是大别山扶贫金融工程。整合扶贫资金，建立扶贫基金；创新金融扶贫，精准对接产业扶贫、易地搬迁扶贫、基础设施扶贫。八是大别山新型城镇化建设金融工程。创新城市建设融资体制机制；推动PPP模式的应用；规范发展P2P、众筹等互联网金融。九是长江沿线开发金融工程。做大创业投资引导基金，设立黄冈市产业基金；对接利用湖北省长江经济带产业基金投资。十是大别山要素市场建设工程。建立大别山资源交易市场，加快资源上市，实现大别山资源优势转化为资本优势。

为了完成以上目标任务，各级、各部门、驻市各金融机构要从服务全市经济社会转型跨越发展的高度出发，围绕市委、市政府决策部署和重点工作，紧扣金融服务地方经济发展的中心不放松，强化措施，扎实推进，重点做好以下五个方面的工作。

（一）推进金融服务体系升级

健全的金融组织体系是金融业快速健康发展的重要标志和基础保证。目前全市主体多元、竞争充分的金融机构体系已基本形成，但是还不够，还应进一步丰富金融组织体系内容，构建全方位、立体化、互补配套的金融组织体系。

完善银行业金融机构组织体系。要继续加大全国性股份制商业银行引进力度，争取平安银行、民生银行、汉口银行等在黄冈设立分支机构；已引进的六家银行机构要不断完善服务，逐步向县市延伸，扩大覆盖面；地方法人银行机构要提档升级，黄冈农商行要不断做大存贷款规模，充实资本金，争取早日上市。已经设立的九家村镇银行，机构网点要向乡镇延伸，各县市区还要继续引进设立村镇银行，争取实现第二轮全覆盖；要积极支持民营资本发起设立中小型银行，力争组建成立一家民营银行。

完善证券业组织体系。支持民营资本在本市发起设立证券公司，积极引导合格市场主体设立小微证券公司，对接武汉证券公司在我市设立的分支机构。各县市要高度重视证券业公司的引进设立，争取实现证券业经营机构县域全覆盖。

完善保险业组织体系。积极推进现代保险服务体制规范化，不断丰富保险业务种类和内容，扩大小额贷款保证保险、贷款担保责任保险，探索发展债券信用保险。努力实现医疗责任保险、环境污染责任保险、安全生产责任保险全覆盖，扩大食品安全责任险、特种设备责任险覆盖范围，对规模较小、处于创业期的小微企业，试行县（市、区）政府出资统保信用险，提高信用险在我市小微企业的覆盖面，帮助小微企业降低融资成本。

（二）推进多层次资本市场建设升级

多层次资本市场建设是破解企业融资难的一个十分重要的途径。大别山金融工程实施以来，我们在开拓资本市场方面取得了明显成效。但全市的直接融资比重还严重偏低，仅为3.05%，远低于全省14.67%和全国17.30%的平均水平。因此，我们要把多层次资本市场建设作为推进大别山金融工程升级的关键来抓。

要加快培育上市后备资源。按照场内场外交易市场的特点和要求，重点关注符合国家战略性新兴产业发展方向的企业、传统行业中具有产业转型升级概念的企业、细分行业中的龙头企业，建立完善上市后备资源的挖掘和培育机制，重点培育一批有股改上市意向、发展前景好的企业进入上市后备资源库，分梯度多层次统筹培育和管理，不断优化调整市拟上市（挂牌）后备库企业。

要加快推动企业股改。着力扩充我市股改后备企业，建立企业股改工作的考核制度，强化企业股改阶段的政策扶持力度，把推进企业股改作为提升骨干企业素质，创新发展动力，推动转型升级，带动区域经济发展的重要载体。

要加快拓展场外交易市场。紧抓全国大力发展多层次资本市场的契机，把握新三板继续扩容、武汉股权托管交易中心在全省推动的良机，利用新三板和武汉股权托管交易中心具备的成本小、速度快、门槛低等优势，突出场外交易市场挂牌工作的考核导向和政策扶持作用，推动一批创新型、创业型、成长型的中小微企业在场外交易市场挂牌。每个县市要确保2016年有1到2家企业在新三板挂牌交易。全市要集中组织大别山科技创业板、生态农业板、文化旅游板和先进制造业板在武汉股权托管交易中心批量挂牌。支持挂牌企业进一步发展壮大并过渡到场内市场上市。

要加快发展直接融资。调动一切积极的因素、用足一切可以利用的政策，千方百计推进企业公开发行股票募集资金，坚决实现IPO十年来零的突破。要完善创业投资基金的引导作用，在进一步发挥我市现有天使投资基金、风险补偿金等多支子基金融资作用的同时，加大各类股权投资基金的引进力度，在有条件的地区规划建设私募股权基金产业园区和基金小镇，吸引省内外大型股权投资基金及管理企业入驻，逐步形成私募股权投资行业的聚集区。市县两级要尽快理顺主导产业，对接长江经济带产业基金、省股权投资基金、省创业投资引导基金，积极争取湖北省资本加大对我市企业的投资力度，联动组建一批股权投资子基金，原则上每个县（市、区）至少要建立一支子基金，不断壮大基金规模，鼓励基金投向新三板和武汉股权托管交易中心挂牌企业，解决挂牌公司融资需求。积极开展企业债券融资，鼓励我市有条件的企业通过在银行间市场发行PPN、中期票据、短期融资券及发行中小企业私募债等方式，扩大直接融资比例，改善企业资本结构。

要加快发展要素市场。争取尽快建立蕲春中药材交易市场和大别山农产品交易市场。积极跟进对接武汉碳排放、林权、农权、知识产权等交易中心，争取合作在黄冈建立分中心，推动黄冈要素市场的发展，不断推进金融中心的建设。

（三）推进金融服务质量升级

大别山金融工程开展的两年时间里，我们不断创新融资增信机制。充分挖掘和整合财政资金，发挥其杠杆作用和放大效应，推进政银合作，拓展融资路径，形成了良好的金融服务氛围，金融创新成为企业发展的重要保障。各级各单位要进一步适应经济新常态对金融革新的要求，放大财政的杠杆撬动作用，引导各方面资金投向经济社会发展的关键领域和薄弱环节，提高财政保障和调控能力。在审慎、稳妥的前提下，以更加积极的态度提升金融服务质量，鼓励支持金融产品及服务创新，要不断引导银行、证券、保险、基金等机构加强合作，发展跨行业、跨市场的交叉型金融业务和产品、服务创新。

要创新财政金融合作机制，引导金融机构增加资本投放。要进一步整合财政资金，在政策性担保、风险补偿、保险和财政直补等方面做足功夫，以财政资金为信贷风险补偿金、债务融资准备金、创业投资和天使投资引导金、担保机构资本金等为企业融资增信服务，发挥其引导、杠杆、放大作用，引导金融机构加大对重点领域的投入力度，防止实体经济下行和金融企业惜贷相互强化的“顺周期”问题。要完善融资风险担保体系，解决融资难问题。今后要进一步加大对地方中小企业信用担保、公共服务平台、各类风险金、引导基金的支持力度，引导担保机构和社会化服务机构为中小企业，特别是小微企业提供更多更优质的金融服务。要完善财政奖补机制，解决融资渠道窄问题。今后要继续通过奖励、补助等方式，支持和推动金融机构向县域、村镇和社区延伸，提高金融服务的覆盖面和渗透率。要加大贷款贴息力度，解决融资贵问题。今后要积极运用贷款贴息、定向费用补助等方式，着力缓解企业融资成本高问题，调动金融机构放贷的积极性。要加大专项资金管理，提高财政资金使用效益。继续完善存贷挂钩机制，引导商业银行增加信贷投放。

要继续推广各类信贷创新产品。推动各金融机构加大信贷产品和服务方式创新力度。各商业银行要增设小微企业信贷专营机构或者指定专门部门、专门人员负责小微企业金融服务工作，实行单独运营、管理、核算、考核，市政府要在资源配置上给予倾斜，创新小微企业信贷管理体制，适当提高不良贷款容忍度。实施“一行一品”“一县一品”创新工程，进一步试点“农村两权”抵押贷款、动产质押、股权质押、订单质押、仓单质押、保单质押、纳税信用贷和萌芽贷等贷款，推广已较为成熟的“以茶相贷”“羊羊得益”“订单合同抵押贷款”等创新金融产品，扩大受益覆盖面，节约融资成本。

要加大金融精准扶贫力度。金融资源要对准最贫困的村，扶持最困难的户，办好最急需的事，帮助贫困群众创业致富。同时，要创新金融精准扶贫方式，通过贷款担保方式的创新，利用扶贫信贷风险补偿金和政银保分担机制，为各行业和贫困群众提供多样性、便利性、高效快捷的金融扶持和服务。各地要与金融机构积极对接，落实好异地扶贫搬迁贷款等工作。各银行业金融机构要创新组织、产品和服务，积极探索开发适合贫困地区现代农业发展特点的贷款专项产品和服务模式。各保险机构要不断创新农业保险险种，提高保险服务质量，保障投保农户的合法权益。鼓励保险机构在贫困地区设立基层服务网点，进一步提高贫困地区保险密度和深度。鼓励发展特色农业保险、特色种养业保险，扩大农民大病补充保险、农村房屋和财产保险，切实预防“因灾致（返）贫”“因病致（返）贫”情况发生。积极探索发展涉农信贷保证保险，提高金融机构放贷积极性。

（四）推进金融信用建设升级

信用是市场经济的基石，加快信用体系建设是实现黄冈经济社会升级发展的重要基础。大别山金融工程实施以来，在全市信用体系建设方面已经取得了显著的成绩，全市信用评价第一次实现“满堂红”。在各地不良贷款率普遍上升的情况下，我市信贷资产质量不断提高，不良贷款率持续下降，各县市区全部进入“信用县市”行列。但是，我们还要充分意识到，我们的信用体系基础还不稳固，还存在倒退的较大风险，各级各部门要从全局和战略的高度，充分认识全面推进我市社会信用体系建设的重要意义，继续把诚信建设摆在重要位置，大力推进社会信用体系建设。

要抓紧建立健全覆盖全市的征信系统。要出台信用建设相关政策文件，对全市信用体系建设提出指导性意见，充分发挥政府在企业征信中的作用。要加快推动信用平台建设，尽快编制市级公共信用信息平台项目可研报告并启动招投标程序，首期项目建设内容应至少包括金融、工商登记、税收缴纳、社保缴费、安全生产、环境保护、交通违章、法院生效裁判执行、市场中介等领域信用记录数据，推动建立全市小微企业信息采集、共享、评价长效机制。

要不断壮大信用服务机构。在信用服务市场培育方面，研究制定我市企业划型标准，支持有条件的单位设立信用评级机构，鼓励信用评级机构创新评级技术，建立针对我市企业，特别是小微企业特征的信用评价方法和指标体系，为企业提供更好、更专业化的服务。推动信用评级机构在黄冈开展第三方信用评级业务，要鼓励一大批企业参加信用评级，评级结果在项目招投标、信贷产品、农业产业化龙头企业评定、加强企业监管中要起到积极的作用。鼓励金融机构、中介组织和小微企业发起设立企业信用促进会等促进小微企业增信的社会组织。

要深入推进农村信用体系建设。积极推动农村信贷产品创新，建立农户信用档案和信用评价，培植一批信用户、信用村和信用乡镇，引导涉农金融机构对农村守信主体的金融扶持，按照信用评级情况给予贷款额度、利率等优惠政策，创新金融产品，助推农村经济发展。

要全面开展诚信建设活动。积极开展“信用年”创建，启动首个“11·22诚信日”宣传，树立“一是一,二是二”的诚信观念，研究实施守信激励和失信惩戒机制。尤其是在“去产能、去库存、去杠杆”的具体工作中，要主动应对、努力化解、妥善处置不良金融资产，要创造条件依法实施市场化破产程序，加快破产清算案件审理；要创造条件帮助企业过桥、续贷，避免形成不良贷款；对已经形成的不良金融资产，要防范和打击各类逃废债行为；要做好存量债务置换工作，完善全口径政府债务管理，有效化解政府债务风险。

（五）推进类金融业态升级

类金融机构尤其是小额贷款担保公司、信托公司、金融租赁公司、消费金融公司、汽车金融公司、民间资本管理公司以及依法发起设立的网络借贷、网络众筹、网络证券、网络保险和网络基金等依托互联网为运营载体和销售渠道的中介服务平台是地方金融组织体系的重要组成部分。地方经济发展产生大量资金需求，而有些领域大中型金融组织的服务无法惠及，因此，小额贷款公司等类金融机构具有广阔的发展空间。应在建立严格的监管制度、有效控制和防范风险的前提下，进一步丰富金融业态，促进地方类金融机构良性发展，引导类金融机构突出核心主业，发挥功能优势，适应我市企业多元化、多层次金融需求。

在大力发展类金融业态的同时，要高度重视防范和打击非法集资工作。当前，各种形式的非法吸收社会资金、涉嫌非法集资事件呈全国性蔓延之势，由此引发的群众上访事件不断攀升，形势空前严峻。国务院有关领导同志专门就湖北的涉嫌非法集资事件作出了批示，省委、省政府主要领导也多次批示和部署打击非法集资工作。在我市范围内，非法吸收社会资金、涉嫌非法集资现象也大量存在，有的县市已经形成不良影响。这里，我要强调的是，金融风险具有隐蔽性、突发性和传染性，一旦爆发，将严重波及社会稳定。地方党政一把手是处置和打击非法集资工作的第一责任人，大家千万不可掉以轻心，务必高度关注、严密防范，做到“打早、打小”，将风险隐患控制在萌芽状态。

三、加强领导，形成合力，不断开创金融工作新局面

金融与经济相互渗透，相互融合，密不可分。要把金融工作摆在重要战略位置，加强组织领导，健全工作机制，密切合作关系，实现提高金融效益与促进经济发展的互利双赢。

一是要加强组织领导。2014年的推进会上，市委市政府要求把大别山金融工程当作一把手工程来抓。有关评比通报情况也证实了金融工作的成效与领导的重视程度密切相关。今天，我们再次强调，各级政府一定要把金融工作牢牢抓在手上，形成重视金融、研究金融、运用金融的浓厚氛围。要形成研究金融工作的例会制度，要及时解决金融工作中的困难和问题，要学会运用金融工具去破解发展中的瓶颈。要加强市县两级金融办的机构职能建设，充分发挥其统筹协调地方金融事务的作用。

二是要注重人才培养。“干不干得成事，办不办得好事，关键在人。”客观地讲，政府系列的行政干部普遍对金融较为陌生，这种现状不利于我们运用金融发展经济，这个局面一定要改变。2015年，我们集中时间在高校举办了一期金融培训班，反响很好。2016年，我们要借举办“大别山金融工程论坛”的契机，进一步增强金融意识、宣讲金融理论、交流金融工作、培养金融人才。各县市区政府一方面要通过挂职、交流等形式，向金融系统“借人带路”；另一方面，在行政事业编制人员招考中，要增加金融专业人员的计划指标，逐步做到“自给自足”。

三是要形成工作合力。金融工作牵涉面广，需要各部门、社会各界的广泛支持。我们务必要从发展的大局出发，牢固树立金融领先理念，做到一切有利于金融发展的事，都积极配合；一切有利于企业融资的事，都大力支持。要将“法治政府、廉洁政府、服务型政府、诚信政府”建设的各项要求落实到升级版金融工程的具体工作中去，形成“政府主导，监管推动，部门配合，社会参与”的工作格局。

四是要强化考核督办。要实施目标责任制，按照“横向到边、纵向到底”的原则，分解落实各项任务。要围绕目标任务细化指标，科学评分，完善考核评价体系。要坚持季度通报、年中分析、年底结账，形成“比、学、赶、超”的竞争氛围，全力推进大别山金融工程向纵深发展。

陈安丽同志在这份讲话材料中谈到了三个方面。

一，认真地分析和总结了大别山金融工程近两年的实践所取得的成绩和存在的问题。

二，进一步提出了打造大别山金融工程升级版的目标和要求，强调了近两年大别山金融工程重点是要着力推进十大工程。

（1）大别山金融中心建设工程。

（2）大别山科技金融工程。

（3）大别山保险业金融工程。

（4）大别山生态农业金融工程。

（5）大别山制造业金融工程。

（6）大别山文化旅游金融工程。

（7）大别山扶贫金融工程。

（8）大别山新型城镇化建设金融工程。

（9）长江沿线开发金融工程。

（10）大别山要素市场建设金融工程。

三，对大别山金融工程下一步作出了具体的部署和安排。

（1）要加强组织领导。

（2）要注重人才培养。

（3）要形成工作合力。

（4）要强化考核督办。

再看第二份材料。第二份材料是黄冈市委市政府给湖北省委省政府关于推进大别山金融工程以及实施方案的送审稿。

黄冈市推进大别山金融工程升级实施方案

（送审稿）

2014年3月大别山金融工程启动实施以来，我市信贷投放高速增长、企业上市快速推进、银行机构批量入驻、金融创新不断突破。但与省内外发达地区比，全市金融业发展的规模仍然不大、资本市场的发展与利用不够、金融改革创新与应用不广，特别是在直接融资方面存在明显的短板。为了推进金融工程进一步升级，深化金融改革创新，更好地发挥金融对经济社会发展支撑作用，服务“双强双兴”发展重点，特制定本方案。

一、指导思想

以党的十八大和十八届三中、四中、五中全会精神为指导，全面贯彻落实中央和省经济工作会议及市委四届十四次全会精神，围绕黄冈“双强双兴”发展重点，落实“四大行动”工作要求和“十三五”发展规划，切实把握金融资源配置市场化、金融业态多元化、资本市场和社会融资多样化的发展大势及供给侧结构性改革的政策走势，坚持以完善金融体系、创新金融服务为主线，以加快信贷市场、资本市场、保险市场和民间金融市场发展，努力扩大社会融资，深化金融精准扶贫为重点，以建设区域性金融中心、加速金融资源聚集和利用、加快经济金融发展为目标，全面打造大别山金融工程升级版。

二、目标任务

“十三五”期间，大别山金融工程升级总目标是：基本建立较为完善的金融组织体系和健全的融资服务体系；金融业规模明显扩大，金融业增加值占GDP的比重明显提高；实现社会融资总量年均增长20%以上；“十三五”末，年社会融资规模（增量）达到600亿元。

（一）完善金融服务体系

健全金融组织机构和金融业功能牌照；建立覆盖市县和所有乡镇及

行政村的金融服务网络。

（二）提升金融总量及其在国民经济中的比重

发展金融与泛金融产业，丰富金融产品，拓展融资渠道，提升社会融资总量，确保金融业态数量在大别山片区领先，金融业增加值占GDP的比重达到7%，贷款余额与GDP的比力争达到1:1。

（三）优化社会融资结构

推广利用各种融资工具，在社会融资总量中，直接融资比重达15%以上。

（四）初步形成大别山区域金融中心

建立健全金融要素市场、金融中介市场和民间金融市场；加速金融业态聚集，建设业态完善、功能齐全的金融功能区和综合金融服务中心。

（五）全面优化金融精准扶贫服务

进一步对接落实大别山革命老区振兴发展金融政策、大别山连片开发金融扶贫政策；加快金融精准对接贫困户和扶贫产业，保障有融资需求的贫困户和扶贫产业的金融供给。

三、升级重点

（一）推进金融服务体系升级

一是完善银行业组织体系。继续引进全国性股份制商业银行。各地政府要在资源配置上给予倾斜，引导新设银行机构向县（市）延伸，推进金融服务网格化升级，扩大金融服务覆盖面。做强黄冈农商行，争取上市。发起设立大别山民营银行。二是完善证券业组织体系。对接各大证券公司在我市设立分支机构，实现证券业经营机构县域全覆盖。三是完善保险业服务体系。加强保险宣传，引导保险消费；规范保险市场，提升保险服务质效；发展保险新业态、拓展保险新领域、开发保险新产品，扩大保险覆盖面；依托保险协会，健全保险监管体系。四是推进大别山金融中心建设。引导金融、类金融、民间金融、金融要素市场业态向市区一定区域内聚集，形成金融服务功能区。整合银行、证券、保险、基金、担保、典当、财富管理、信托、租赁、互联网金融和金融中介等，建立金融超市和金融综合服务平台。

（二）推进资本市场建设升级

一是培育上市后备资源。建立上市后备企业培育机制，完善上市后备资源库。二是推动企业股改。实行企业股改目标制管理，强化企业股改工作考核。三是推进企业上市。强化政策激励，推动企业在场外交易市场挂牌。批量组织科技型企业、生态农业企业、文化旅游企业和先进制造业企业组团上市。做好企业改制挂牌工作，确保每年有5家以上企业新三板挂牌；实现2—3家企业上主板、创业板、中小板。四是大力推进直接融资。统筹推进挂牌企业股权融资、债券融资、票据融资。五是大力发展股权投资。做大创业投资引导基金，加快引进设立多形式的产业基金，努力扩大和利用风险投资。做大做强大别山绿色股权投资基金。对接长江经济带产业基金、省股权投资基金、省创业投资引导基金，争取省级资本投资。

（三）推进金融服务创新升级

一是创新机制。进一步整合财政资金，做大融资性担保金、风险补偿金、风险投资引导基金、企业贷款过桥转贷基金，完善融资担保体系和贷款增长激励机制、风险分担机制和投资引导机制，发挥财政资金的增信放大和引导作用。二是创新信贷服务。按照差异化原则，实施“一县一品”“一行一策”的金融创新工程，迅速形成多种可复制的创新产品和经验做法，加快金融创新产品的应用推广。加强中小微企业金融服务。各商业银行要增设小微企业信贷专营机构，或指定专门部门负责小微企业金融服务；定制融资产品，对接中小微企业融资需求。推广农权、林权、知识产权、股权抵押贷款和纳税信用贷、助保贷、助业贷、助农贷、三板贷以及动产质押、股权质押、订单质押、仓单质押、保单质押、应收账款质押等金融产品。金融监管部门要对创新信贷项目单独考核管理，适当提高创新贷款不良容忍度。三是创新保险服务。推广小额贷款保证保险、贷款担保责任保险；全面实施医疗责任险、环境污染责任险、安全生产责任险、食品安全责任险、特种设备责任险；探索发展债券信用险；创新运用保险机制提供公共服务方式，鼓励利用“新农合”资金、城镇居民医保资金、民政救助资金购买商业保险，提高资金使用效应及惠及面。深化政保合作，争取保险机构的股权投资和债权投资。四是推进两个全国性金融试点项目建设。加快武穴市农村土地承包经营权抵押贷款试点和罗田农村金融综合改革试点。

（四）推进类金融业态发展升级

一是发展类金融业态。大力发展小额贷款、担保、基金、信托、金融租赁、消费金融、汽车金融、商业保险、财富管理、支付结算、网络借贷、股权众筹等类金融业。二是发展金融要素市场。建立股权、农权、林权、金融资产、碳汇、知识产权、矿权、农畜产品交易等市场（中心），交易品种逐步覆盖大别山区域主导产业、特色产业、优势资源。三是发展金融中介市场。引进各类会计审计、资产评估、信用评级和法律咨询机构，形成竞争有序的中介市场。推进审计评估、信用评级结果的通用，为企业融资提供低成本便捷服务。

（五）推进金融扶贫升级

一是创新金融精准扶贫方式。做大扶贫基金，完善金融扶贫激励机制和风险补偿机制；精准对接贫困户和扶贫产业，开发定制专项扶贫融资产品和服务模式；落实异地扶贫搬迁专项贷款和同步人口的易地扶贫搬迁贷款；落实扶贫信贷差异化监管政策：单设扶贫信贷内部机构、单列扶贫信贷规模、单设扶贫信贷产品、单独考评扶贫信贷绩效。二是推进扶贫保险服务。创新扶贫保险服务，扩大农村房屋和财产保险范围；推广扶贫产业专项保险和涉农信贷保证保险，实现扶贫产业专项保险和涉农信贷保证保险县市全覆盖。

（六）推进金融信用建设升级

一是建立健全征信评价系统。完善覆盖全市的征信系统，完善各类主体信息采集和信用档案共享平台。实施信用主体培育工程。健全各类主体信用评价体系；持续开展信用村、信用乡镇和信用县市创建工作；大力培植信用主体。发展信用中介服务，支持信用评级机构在黄冈开展第三方信用评级，鼓励企业积极参加借用评级。二是全面推进诚信建设。开展“2016 信用年”创建活动和每年“11·22 诚信日”宣传活动。三是防范金融风险。坚持政府与司法联席会议制度、金融执法联席会议制度，严厉打击逃废金融债务，加强金融债权司法保护。坚持金融生态监测季度通报制度，建立守信激励与失信惩戒机制。努力化解和妥善处置不良金融资产。完善政府债务管理，有效化解政府债务风险。加大非法集资排查力度，及时处置和打击非法集资。

四、保障措施

各地要切实加强领导，细化工作举措，强化督导检查，确保各项工作任务落到实处。

（一）强化组织领导

推进大别山金融工程升级是深化金融改革创新、推进供给侧结构改革的重要举措，是促进“双强双兴”的重要抓手。各地各部门要将方案中涉及的目标任务、重点工作进一步细化量化，加强组织领导，层层分解任务，层层落实责任，确保全面完成各项目标任务。

（二）落实工作责任

各牵头单位要切实履行牵头抓总的职责，深入调查研究，制订工作措施；加强组织协调和督促检查，全面加快工作进展，并定期向领导小组汇报。各责任单位要各负其责、各司其职，迅速定方案、定措施、定人员、定责任，认真抓好分解任务的落实。各单位之间要加强沟通协调，相互支持配合，形成工作合力。实施中的重大问题及时报市政府研究决策。

（三）严格督查考核

将推进大别山金融工程升级纳入市委、市政府重大事项予以督查。市委督查室、市政府督查室、市金融工作局要组成联合督查组，定期开展督查，对工作进度迟缓的相关领导和责任人要严格问责。各责任单位也要采取切实有效措施，确保工作落到实处。

（四）加强人才保障

依托黄冈教育培训资源，开设 1—2 年制公职人员金融专业培训班，向广大干部普及金融知识。分批次组织领导干部到金融专业院校培训、学习考察先进地区经验做法，提高领导干部金融工具运用能力。加强金融工作交流、研讨，培养金融人才。调剂行政事业编制，增加金融专业人才的编制计划指标，引进金融人才。

从这份送审稿可以看到以下四个方面。

（1）大别山金融工程升级版的指导思想。

（2）大别山金融工程升级版的目标任务。

（3）大别山金融工程升级版的升级重点。

（4）大别山金融工程升级版的保障措施。

有了这份实施方案，大别山金融工程就有了新的方向、新的目标和任务，也就有了新的行动纲领，这就使大别山金融工程又跃上了一个新的台阶。

再来看第三份材料。这份材料是黄冈市推进大别山金融工程升级实施方案送审稿的一个附件。

附件

黄冈市推进大别山金融工程升级重点工作责任分工

重点工作	实施项目	实施内容	牵头单位	责任单位
推进金融服务体系升级	完善银行业组织体系	1. 引进银行机构 2. 引导新设银行机构向县（市）延伸，扩大金融服务覆盖面 3. 推进金融网格升级 4. 做强黄冈农商行，争取上市 5. 发起设立大别山民营银行	市银监局	市人行、市金融工作局、市财政局、各商业银行、各县市区政府
	完善证券业组织体系	6. 对接各大证券公司，实现证券业经营机构县域全覆盖	市金融工作局（上市办）	各县市区政府、各证券机构
	完善保险业服务体系	7. 加强保险宣传，引导保险消费 8. 规范保险市场，提升保险服务质效 9. 发展保险新业态，拓展保险新领域，开发保险新产品，扩大保险覆盖面 10. 依托保险协会，健全保险监管体系	市保协	市工商局、市人行、市银监局、各县市区政府、市级各保险公司

续表

重点工作	实施项目	实施内容	牵头单位	责任单位
推进金融服务体系升级	推进大别山金融中心建设	11.引导金融、泛金融、民间金融、金融要素市场业态聚焦，形成金融服务功能区 12.整合银行、证券、保险、基金、担保、典当、财富管理、信托、租赁、互联网金融和金融中介等，建立金融超市和金融综合服务平台	市金融工作局	市发改委、市工商局、市财政局、市经信委、市商务局、市规划局、市科技局、市人行、市银监局、市保协、各县市区政府
推进资本市场建设升级	培育上市后备资源	1.建立上市后备企业培育机制，完善上市后备资源库	市金融工作局（上市办）	市经信委、市农业局、市商务局、市住建委、市旅游局、各县市区政府
	推进企业股改	2.实行企业股改目标制管理，强化企业股改工作	市经信委	市金融工作局、市农业局、市商务局、市旅游局、市住建委、市国资委、各县市区政府
	推进企业上市	3.强化政策激励，组织企业组团上市 4.做好企业挂牌工作，确保每年有5家以上企业新三板挂牌 5.实现2—3家企业上主板、创业板、中小板	市金融工作局（上市办）	市经信委、市农业局、市商务局、市旅游局、市住建委、市财政局、各县市区政府
	推进直接融资	6.统筹推进挂牌企业股权融资、债券融资、票据融资	市发改委	市人行、市经信委、市金融工作局、市财政局、各县市区政府
	发展股权投资	7.做大创业投资引导基金，加快引进设立多形式的产业基金 8.做大做强大别山绿色股权投资基金 9.对接长江经济带产业基金、省股权投资基金、省创业投资引导基金，争取省级资本投资	市金融工作局	市财政局、市经信委、市科技局、市人行、各县市区政府
推进金融服务创新升级	创新融资机制	1.整合财政资金，做大融资性担保金、风险补偿金、风险投资引导基金、企业贷款过桥转贷基金	市财政局	市农业局、市科技局、市扶贫办、市保协、市人行、市银监局、各县市区政府、金财担保公司
		2.完善融资担保体系	市经信委	
		3.完善贷款增长激励机制、风险分担机制和投资引导机制	市金融工作局	

续表

重点工作	实施项目	实施内容	牵头单位	责任单位
推进金融服务创新升级	创新信贷服务	4.实施“一县一品”“一行一策”金融创新工程	市金融工作局	市财政局、市经信委、市科技局、市工商局、市级各金融机构、各县市区政府
		5.增设小微企业信贷专营机构，提供专业服务 6.加强中小微企业金融服务，定制融资产品，对接中小微企业融资需求 7.加强创新贷项目考核管理，适当提高创新不良容忍度	市银监局 市人行	
		8.推广农权、林权、知识产权、股权抵押贷款和纳税信用贷、助保贷、助业贷、助农贷、三板贷以及动产质押、股权质押、订单质押、仓单质押、保单质押、应收账款质押等新产品		
	创新保险服务	9.推广小额贷款保证保险、贷款担保责任保险 10.强力实施医疗责任险、环境污染责任险、安全生产责任险、食品安全责任险、特种设备责任险 11.探索发展债券信用险 12.创新运用保险机制提供公共服务方式，鼓励利用“新农合”资金、城镇居民医保资金、民政救助资金购买商业保险，提高资金使用效应及惠及面 13.深化政保合作，争取保险机构的股权投资和债权投资	市保协	市卫计委、市环保局、市安监局、市食药监局、市银监局、市民政局、各金融机构及其监管部门、各县市区政府
	推进两个全国性金融试点项目建设	14.加快武穴市农村土地承包经营权抵押贷款试点 15.推进罗田农村金融综合改革试点	市人行	武穴市政府、罗田县政府、市财政局、市农办、市经管局、市农业局、市金融工作局、市银监局
推进类金融业态发展升级	发展类金融业态	1.发展小额贷款、担保、基金、信托、金融租赁、消费金融、汽车金融、商业保理、财富管理、支付结算、网络借贷、股权众筹等类金融业	市金融工作局 市银监局 市人行	市财政局、市工商局、市经信委、市商务局、市发改委、市科技局、市保协、各金融机构、各县市区政府
	发展金融要素市场	2.建立股权要素市场（中心）	市金融工作局	各县市区政府

续表

重点工作	实施项目	实施内容	牵头单位	责任单位
推进类金融业态发展升级	发展金融要素市场	3. 建立农权、林权要素市场（中心）	市经管局 市林业局	各县市区政府
		4. 建立金融资产要素市场（中心）	市银监局	市金融工作局、市人行、各县市区政府
		5. 建立碳汇要素市场（中心）	市环保局	各县市区政府
		6. 建立知识产权要素市场（中心）	市科技局	市商务局、市工商局、市文广新局、各县市区政府
		7. 建立矿权要素市场（中心）	市国土资源局	各县市区政府
		8. 建立农畜产品要素市场（中心）	市农办	各县市区政府
	发展金融中介市场	9. 引进各类会计审计、资产评估、信用评级和法律咨询机构，规范中介服务	市工商局	市发改委、市审计局、市住建委、市银监局、市金融工作局、市财政局、市司法局、各县市区政府
		10. 推进审计评估、信用评级结果的通用	市人行	
推进金融扶贫升级	创新金融精准扶贫方式	1. 做大扶贫基金，完善金融扶贫激励机制和风险补偿机制	各县市区政府	市金融工作局、市财政局、市扶贫办、市保协、各县市区政府、市级各金融机构
		2. 开发定制专项扶贫融资产品和服务模式 3. 落实扶贫信贷差异化监管政策：单设扶贫信贷内部机构、单列扶贫信贷规模、单设扶贫信贷产品、单独考评扶贫信贷绩效	市人行 市银监局	
		4. 落实异地扶贫搬迁专项贷款和同步人口的易地扶贫搬迁贷款	市农发行 市扶贫办	
	推进扶贫保险服务	5. 创新扶贫保险服务，扩大农村房屋和财产保险保障范围 6. 推广扶贫产业专项保险和涉农信贷保证保险，实现县市全覆盖	市保协	市扶贫办、市银监局、市人行、各县市区政府、市级各保险机构
推进金融信用建设升级	建立健全征信评级系统	1. 完善征信系统，建立各类主体信息采集和信用档案共享平台 2. 实施信用主体培育工程，健全各类主体信用评价体系 3. 持续开展信用县市（乡镇、村）创建工作 4. 大力培育信用市场主体 5. 发展信用中介 6. 支持信用评级机构在黄冈开展第三方信用评级，鼓励企业积极参加信用评级	市人行	市金融工作局、市工商局、市经信委、市银监局、各县市区政府

续表

重点工作	实施项目	实施内容	牵头单位	责任单位
推进金融信用建设升级	开展诚信宣传	7. 开展“2016信用年”创建活动和每年“11·22诚信日”宣传活动	市金融工作局、市委宣传部	市发改委、市人行、市银监局、各县市区政府、各金融机构
	防范金融风险	8. 坚持政府与司法联席会议制度、金融执法联席会议制度，严厉打击逃废金融债务，加强金融债权司法保护 9. 加大非法集资排查力度，及时处置和打击非法集资	市金融工作局	各领导小组的各成员单位、各县市区政府
		10. 坚持金融生态监测季度通报制度 11. 化解和妥善处理不良金融资产	市人行	
		12. 完善政府债务管理，化解政府债务风险	市财政局	
		13. 建立守信激励与失信惩戒机制	市发改委	市诚信建设领导小组成员单位、各县市区政府

从这个附件材料，可以看清以下几个方面的内容。

一，大别山金融工程升级版的重点工作。从这里可以看出大别山金融工程升级版到底要从哪些方面升级。

二，大别山金融工程升级版的实施项目和实施内容。

三，大别山金融工程升级版的牵头单位和责任单位。

完成了这个附件材料中的内容，就意味着完成了大别山金融工程升级版的“施工图纸”。接下来，大别山金融工程便进入升级版的“施工阶段”了。

2018年2月19日于珞珈山

大别山金融工程巾帼板

——在“大别山金融工程巾帼板及二十六家企业挂牌启动仪式”上的致辞

武汉大学　叶永刚

（2017 年 8 月 28 日）

大家好！大家都看到了，我今天在这里三鞠躬，这是我在这里从未有过的。为什么？因为今天是中国的传统节日七夕，这是中国的情人节。此外，更重要的原因是今天黄冈市的巾帼板在这里挂牌。在挂牌仪式启动之前，二十六家企业的女企业家们登上舞台，上演了一场震撼人心的中国传统服饰表演，让我们直到现在还没有缓过神来！

我首先要告诉大家，如何才能成为一个真正的女企业家。我认为首先是一个境界或者胸怀的问题。您的心有多善，有多远，您的企业才能做多大，走多远。您要把自己当作一道美丽的风景。您的智慧和美丽，不仅仅属于您的先生、上级，而且属于全社会，甚至全人类！

接下来我要告诉大家，有了这种境界和胸怀还不够，还得懂得金融。金融是一种资源配置的方式，通俗地说就是借钱。借别人的钱来办自己的企业，企业不是一下子就做起来，做大了吗？

过去大家只知道找银行借钱，那是不够的，那叫间接金融。还有另一种借钱方式是到资本市场上借钱，这叫作直接金融。我们今天在这里挂牌的市场四板就是一种资本市场。这种市场可以改变您的融资结构，融资结构中不仅有债权，而且有股权。有了股权，就有了更强的抗风险能力。

过去您只有债权，遇到风吹草动、经济下行，债也得还，但是有了股权就不一样了。股权是共担风险的，赚了钱大家分；没赚也要一起承担亏损，个人也不用去还那么多的债了！

还有一点要告诉大家，在这里挂牌到底还有哪些好处。

一，股权质押贷款。您现在是股份公司，股权可以拿到银行作为质押，要银行贷款。

二，股权转让。您的股权可以在这个市场上转让。如果您想既保持控股权，又想解决眼前的困难，只需要转让 20% 的股权就可以达到这个目的。

三，增值扩股。在这个市场上，您可以让更多的人了解您，拿钱来和您一起打拼。

四，发行可转债。您可在发债的同时，给别人一个选择：可以在一定的期限内将债权变成股权。

五，转板。资本市场除了这个四板之外，还有主板、二板、三板、境外板。只要您在四板上有了一个好的起点，将企业壮大了，您就“颠覆”了这个市场。以后不是您来求市场，而是市场来求您，是四板都来求您。

当然，我这里只讲这五点，还有其他的好处需要大家今后在这个市场上探索、体会。

最后，再一次谢谢大家给了我这么好的机会发言。

2017 年 8 月 29 日于吉林松原

大别山金融工程与武汉股权托管交易中心

武汉股权托管交易中心董事长　龚　波

（2017年5月）

从2014年年初开始，地处大别山的黄冈市，以金融工程为抓手激活县域经济，系统推进县域金融工程，并于2016年下半年推进打造县域金融工程的升级版——大别山金融工程，旨在通过政府“有形之手”，结合市场“无形之手”，对区域金融结构和金融生态进行再造，盘活金融供给，满足金融需求，助力精准扶贫，推动经济发展。

黄冈从金融供给侧入手，完善区域金融服务体系，引进银行、证券、保险、基金、股权投资等金融与类金融业态，在充分发挥信贷主渠道作用的同时，将中小微企业引向资本市场。积极引导券商、中介机构“下乡”深耕，在全市11个县市区全面推进中小企业股份制改造，规范培育企业主体，登陆四板、新三板和主板市场。黄冈市坚持财政金融联动，变补贴为杠杆，通过奖励政策鼓励更多优质企业在多层次资本市场挂牌上市。全市还整合财政资金设立信贷风险补偿金、融资担保金、保证保险金等，为企业融资服务。

2015年11月17日，全省推进县域金融工程现场会在红安召开，总结首批试点市县工作经验，加快推进全省县域金融工程工作。副省长曹广晶出席会议并讲话，肯定了全省探索实施县域金融工程试点所取得的成绩。他指出，当前经济下行压力仍然较大，我省实施县域金融工程，用工程原理方法推进县域金融工作，做大县域融资总量，缓解融资难、融资贵，对促进县域经济发展具有重要意义。他要求系统推进打造县域金融工程升级版，继续开展金融创新，充分运用好资本市场，大力推进小额贷款保证保险，积极探索财税金融联动机制，做好金融扶贫工作，不断优化县域金融生态环境。

2016年5月28日，2016大别山金融论坛在黄冈召开，曹广晶副省长表示，各地、各有关部门要进一步提高对金融扶贫工作中重要性的认识，发挥金融在扶贫开发中的"造血"功能，做好精准定位，增加金融供给，坚持创新引领，强化工作机制，支持扶贫攻坚目标的实现。他同时指出，全面推进县域金融工程，要进一步提升县域贷存比，大力实施普惠金融，进一步运用好资本市场和保险工具，发挥财政资金的引导和分担作用，优化县域金融生态，打造县域金融工程的升级版。

一、武交中心对接大别山金融工程的主要做法

（一）推动地方政府出台关于支持企业进入四板市场的奖励政策

黄冈最早于2012年7月将鼓励和引导后备企业进入区域性股权市场写入政策文件。《黄冈市人民政府关于鼓励和支持企业上市的指导意见》（黄政发〔2012〕22号）指出：鼓励和引导后备企业通过新三板、OTCBB等境内外股权交易市场融资，改善股权结构，拓展融资渠道，加快企业发展。

从2014年起，黄冈市及其11个县市区政府纷纷出台针对企业进入区域性股权市场的奖励政策，形式主要分为五类：一是企业挂牌直接奖励。对于挂牌四板的奖励金额从10万元到50万元不等（黄冈各县市区均有）。二是企业直接融资奖励。对于成功直接融资的企业有10万—20万元的直接奖励和贴息奖励（黄梅县、罗田县、麻城市、英山县）。三是对股改企业有相应的税费减免。股改过程中产生的有关税费全额缴足后，地方留成部分由财政等额返还用于支持企业发展（罗田县）。四是对纳入湖北省重点上市（挂牌）后备企业资源库的企业给予优先办理立项审批、转报或核准、备案等手续的便利，优先安排建设项目用地计划指标，对企业改制挂牌过程中涉及的土地资产处置、税收、环保等重大问题，相关职能部门积极介入，主动加强指导与服务（红安县、黄梅县、武穴市、浠水县）。五是在武汉股权托管交易中心（以下简称武交中心）挂牌企业，以其变更为股份公司前一年上缴的所得税、增值税、营业税地方留成部分为基数，3 年内上缴的所得税、增值税、营业税地方留成部分中环比增长部分由财政等额奖励给企业，其资产评估增值部分应缴纳企业所得税的，在纳税后地方留成部分的 50% 由财政等额奖励给该企业（麻城市）。

（二）开展四板宣讲和培训活动，传播借力资本规范发展的思想理念

武交中心积极参加黄冈市及其 11 个县市区举办的各类与资本市场相关的活动，通过宣讲和培训的方式向与会者传播借力资本实现规范、快速、可持续发展的新思路，摒弃传统的依靠银行和民间借贷的思想。2017 年 2 月 24 日，武交中心应邀参加黄冈市女企业家协会 2017 年年会，中心主要领导在会上介绍了我国多层次资本市场特别是四板市场的现状、功能和作用，着重交流了全省县域金融工程、大别山金融工程的创新探索和成效，并与参会女企业家代表分享了具有典型意义的企业规范培育和股权融资案例，有效激发了与会女企业家代表进入区域资本市场的积极性。

（三）举办湖北四板常态化路演，为挂牌企业对接投融资资源

湖北四板常态化路演由武交中心和深圳证券信息公司主办，中国高新区科技金融信息服务平台承办，每月在光谷资本大厦举办一期，将湖北四板挂牌企业向全国的专业投资机构、上市公司进行推介。

2016 年 6 月 30 日，“湖北四板企业投融资常态化路演（第七期）——黄冈专场”活动在光谷资本大厦举行，5 家黄冈企业（2 家来自红安县，2 家来自麻城市，1 家来自英山县。分别为：湖北引领包装有限公司、湖北荟煌科技有限公司、红安金源科技环保设备有限公司、湖北麻城华一车业科技股份有限公司和英山县吉利中药材有限责

任公司）进行了现场路演，得到了当期特邀嘉宾海捷投资控股集团合伙人、董事长朱文山，中车时代高新投资有限公司总经理助理赵明等创投机构投融资专家的现场点评和指导。

会后，部分投资机构与路演企业建立了联络关系，对项目密切关注和跟踪。湖北引领包装有限公司董事长陈邦传与武交中心建立了紧密联系，获知了众多路演及推介会信息，为自己争取更多更大的展示舞台。

（四）湖北四板“路演大篷车”送资本“下乡”

为了进一步拉近区域资本市场与广大中小微企业的距离，2017 年，武交中心“路演大篷车”开进了县域，第一站就来到了黄冈的县级市——武穴。

在路演活动开始的前一天，武交中心便组织参加本次活动的近 40 家投资机构和媒体记者代表组成的考察团实地走访了长江工具、麦斯合普和龙翔药业 3 家拟路演企业，并在龙翔药业公司进行了座谈交流。2017 年 5 月 26 日，“资本市场助推实体经济武穴路演推介会”在武穴市龙潭宾馆一号会议厅召开，4 家路演企业现场签订了总额 3.15 亿元的《投资合作协议》。其中，来自黄冈四板优质挂牌企业武穴市长江工具股份有限公司与湖北金控股权投资基金有限公司签署了 5000 万元的投资意向协议，湖北省武穴市武玉粉业股份有限公司与武汉益科创投资产管理有限公司签署了 500 万元的投资意向协议。

银行机构与企业现场签订了总额 1.88 亿元的《贷款授信协议》，其中黄冈四板挂牌企业湖北少专船舶修造股份有限公司与工商银行武穴支行签署 800 万元银行授信、武穴市金磊粮油购销股份有限公司与农行武穴支行签署 1000 万元银行授信、湖北华利塑业股份有限公司与建行武穴支行签署 2000 万元银行授信。同时，武穴市政府与武交中心签订《战略合作暨设立四板专项股权投资基金框架协议》。

第二站活动是 2017 年 10 月 13 日由红安县政府与武交中心联合举办的挂牌企业融资专场路演活动。在红安县举行路演之前，武交中心已对红安县全部 35 家已挂牌企业进行了实地走访，并针对每家企业实际情况和需求为企业制定了一对一的个性化服务方案。活动现场，红安县人民政府与武交中心签订了《战略合作暨设立四板股权投资基金框架协议》，长江证券与凯环科技公司签订了《新三板辅导协议》，长江证券产业基金与楚达科技、杉宝生态公司签订了《投资意向协议》，湖北银行与斯曼股份公司签订了《股权质押协议》，楚达科技公司、阿帆食品公司和杉宝生态公司与武交中心签署了《财务顾问协议》。

（五）为挂牌企业制定“一企一策”服务方案

为更好地服务挂牌企业，解决企业在生产、经营、管理、融资、战略发展等各个方面遇到的难题，武交中心联合在黄冈地区展业的会员机构共同对有服务诉求的挂牌企业进行了一对一上门走访，了解企业实际生产经营状况，针对企业个性化的需求，为企业提供营销推广、融资方案设计、商业模式梳理、规范财务管理、知识产权保护咨询等“一企一策”服务。四年多的时间里，已累计走访黄冈企业近300家。

除此之外，武交中心还成立项目小组，积极探索推进中小企业增信集合债（简称小微债）和私募可转换公司债券（简称可转债）在黄冈企业中实施落地，目前已与武穴市经信局、麻城市经信局、红安县金融工作局沟通了具体实施方案。

二、取得的主要成效

（一）形成湖北四板蓬勃崛起中的黄冈力量

截至2018年5月23日，黄冈市在湖北四板托管登记企业420家，托管总股本54.24亿股；挂牌交易企业410家，其中股份公司板271家，科技板136家，青创板2家，海创板1家；累计成交0.71亿股，成交金额0.72亿元；共为33家企业完成股权融资98笔，实现融资总金额8.02亿元，其中股权直接融资1.04亿元，股权质押融资6.98亿元。武交中心在黄冈市政府的正确指导和大力支持下，成功打造了14个县（市）域特色产业板块，数量位列全省17个市州之首；四板挂牌企业数量达到419家，并且实现了全市11个县市区全覆盖。

2016年4月，黄冈百家企业挂牌科技板，黄冈是湖北四板市场首个举行百家企业集体挂牌仪式的地区。2017 年 8 月，黄冈成功培育全国四板第一个女企业家板块——大别山金融工程巾帼板，首批 24 家女企业家企业集体亮相湖北四板，引起了社会各界的广泛关注。

2018 年 1 月，成功培育全省也是全国四板市场首个扶贫企业板块——黄冈大别山扶贫板块，湖北也是全国区域性股权市场首个资本市场扶贫专板诞生地。集中挂牌的 56 家扶贫企业，来自黄州、团风、红安、麻城、罗田、浠水、蕲春、黄梅等 8 个县市区，主要涉及农业和农副产品加工、电子商务、文化传播、中医药及教育等劳动密集型产业；共有在职员工 4680 人，其中约 40% 为贫困人口就业人员；工业转化地方特色资源禀赋的产品有 30 多种。挂牌活动现场，黄冈市政府、长江证券和武交中心签署《资本助推黄冈革命老区脱贫攻坚战略合作框架协议》，三方将发挥各自优势，合力推进黄冈资本市场建设，推进地方企业对接资本市场融资融智，助力革命老区精准脱贫。这一活动被新华通讯社等主流媒体刊发新闻报道并广为转载，中央人民政府网站、湖北省人民政府网站都进行了发布。

（二）县域经济发展调度资金和大别山产业发展基金优先扶持四板企业

为缓解地方重点企业流动资金紧张的矛盾，支持企业创业创新，推动县域经济发展，湖北省财政厅设立了县域经济发展调度资金，省级财政利用财政间歇资金，年初通过调度方式借给市、州、县（市、区，以下简称市县）财政，市县财政再借给重点企业短期周转，年底收回财政资金。

为促进黄冈大别山革命老区经济社会发展试验区产业发展，扶持重点骨干企业和全市中小微企业，黄冈市政府于 2013 年启动大别山产业基金，基金来源包括省财政预算安排、基金投资收益、基金有偿使用费、股权转让收入、市县（市、区）政府安排的相关资金等。

黄冈各县市区纷纷印发各地关于上述两项资金的使用管理办法。其中，浠水县政府在浠政办〔2016〕10 号文中指出：“以新三板、四板挂牌和入围新三板的企业为安排依据，安排额度为总额度的 5%。”湖北美源环保科技股份有限公司在武交中心挂牌后，符合浠水县政府大别山产业基金政策，中心会员机构湖北盈泰合利管理咨询有限公司与浠水县经信局联系，成功帮助该企业申请了 200 万元大别山产业基金的无息贷款。黄梅县鑫伟棉业股份有限公司是一家位于黄梅县孔垄镇付渡村的棉纱制造企业，在当地拥有良好的市场口碑，但公司作为一家乡镇企业，对于一些利好政策的获知渠道并不通畅。2017 年 9 月，该公司通过挂牌四板，在其推荐机构长江证券的辅导下，了解到调度资金政策，企业成功挂牌后，也同时享受到了相应的政策红利。

（三）企业挂牌四板后的获得感逐渐增强

案例一：浠水县金螺湾颐乐园养老服务股份有限公司筹建于 2010 年 8 月，建筑面积 3700 平方米，床位 198 张，是经过黄冈市民政局批准登记的民办中高档福利机构，2016 年 12 月 26 日在中心挂牌。中心会员机构湖北盈泰合利管理咨询有限公司在辅导企业四板挂牌的过程中，股改前帮助企业梳理和规范了股权结构，并帮助企业引入了 7 名新自然人股东，通过股份转让等形式将 10 名新老股东认缴的 1344 万元资金全部到位，使得该公司顺利进行一期养老产业的改造升级和二期项目的启动。中心投资银行部联合湖北盈泰合利管理咨询有限公司一起为该公司制定了企业融资方案，目前正在为企业寻找合适的投资人，推进融资方案的实施。

案例二：麻城市惠森新材有限责任公司是国家高新技术企业，已入驻中国中部石材循环经济产业园核心区，是政策推动的石材循环经济产业核心环保企业和资源再生利用企业。经过多年独立研发，企业以麻城石材工业产业园尾碴为主要原材料，生产出环保砖和加气混凝土砌块两种产品，关键工艺技术已获得国家发明专利 1 个、实用专利技术 3 个，产品通过 ISO9001 质量体系和 ISO14001 环境体系认证，年可利用石材尾碴 45 万方。企业于 2015 年 12 月 28 日在中心挂牌。2016 年 10 月 28 日，中心会员机构楚商资本帮助企业举办项目路演活动，并草拟了商业计划书。通过本次路演，企业成功地引起了投资者的关注。麻城市财政为企业提供1200万元的无息借款，用于支持企业发展。同时，当地的建行和农商行共为企业办理了1200万元的贷款。

案例三：来自麻城市的湖北将军红酒业股份有限公司，注册资本1938万元，于2012年成立于将军乡——麻城，以践行“将军精神”，打造“将军品牌”，传播“将军文化”为宗旨，是一家做红色将军文化和绿色饮食文化传播者、实践者的白酒企业。2014年10月21日，将军红公司在武交中心挂牌。2016年12月底，该公司向中心提出了希望能够对其后期融资提供服务的需求。中心客户服务部顺势而为，积极协助企业设计增资扩股方案，目前正按照方案确定的思路，引进战略投资者，并召开了投资者交流会。

（四）助力企业四板起步，持续发展壮大、转板升级

案例一：来自团风县的湖北精诚钢结构股份有限公司是一家专业从事工业与民用钢结构、网架的建筑设计、生产制造、安装施工及相关配套的国家一级资质企业，并具有钢结构制造一级资质。2013年4月26日挂牌后，武交中心联合汉口银行鄂州分行对企业进行了尽职调查，提出了股权质押融资方案。2013年5月16日，该公司以自身2100万股股本在武交中心办理股权质押，以此获得汉口银行鄂州分行1200万元流动资金贷款。企业获得贷款后，维持了生产的正常运行，并新增重钢管桁架生产线3条，重钢箱形构建2条生产线在投产建设中，预计年产值达到2亿元，年产重钢构件3万吨。随后，在华龙证券的辅导下，该企业启动新三板转板程序，于2016年11月22日实现了新三板挂牌。

案例二：来自麻城市的湖北海风新材料股份有限公司是中国船级社确定的国内两大阻尼材料生产基地之一的制造商，是1988年国内首家从海军工程大学获得阻尼降噪技术，拥有自主知识产权并进行生产加工的专业阻尼降噪材料、甲板敷料制造高新技术企业，也是国内唯一同时获得中国船级社、解放军总装备部、美国船级社、欧盟船级社准入资格资质证书的阻尼材料制造企业。2014年10月在武交中心挂牌，2015年

中心会员机构楚商资本启动该企业的新三板转板辅导程序，相关工作正在稳健推进。

案例三：来自麻城市的麻城天安化工股份有限公司是一家以研究、开发、生产和销售金属表面处理材料、水处理材料和药物中间体为主的高新技术企业。公司于 2015 年 12 月初经中心会员机构武汉天时乐创财富管理有限公司辅导挂牌。挂牌后，武汉天时乐创财富管理有限公司帮助企业规范了公司财务、治理结构，同时公司也对资本市场产生了浓厚兴趣，经武汉天时乐创财富管理有限公司大力推荐，2016 年 5 月西南证券股份有限公司对其进行了新三板辅导。

这份材料充分展示了中国区域性股权交易市场在市域金融工程中的巨大推动作用。

从这份材料可以看出如下几个方面并引发对于中国经济发展更深层次的思考。

（1）金融不仅可以兴县、兴市，而且可以兴邦。

（2）金融是中国经济发展的突破口，而直接金融是金融发展的突破口。

（3）在直接金融中，区域性股权交易市场（四板）毫无疑问将成为多层次资本市场的突破口。

市域金融工程、大别山金融工程以及武汉股权托管交易中心作出的探索与成效，难道不是充分和有力的证明吗？

2017 年 5 月 30 日于珞珈山

一家中介公司的清单

——有孚众创在湖北黄冈市大别山金融工程中的企业服务开展情况

这份材料是湖北有孚众创企业服务有限公司近年来在大别山金融工程实施过程中的概况和业务清单。

黄冈地处鄂东，与省会武汉山水相连，是湖北的东大门，辖10个县市区和一个县级农场，面积1.74万平方公里，总人口750万。近几年黄冈大力实施大别山金融工程，金融业实现稳步快速发展。截至目前，黄冈市三板、四板挂牌企业总数在全省仅次于武汉市，资本市场建设已走在全省前列。这些成果得益于提前谋划，做好了顶层设计，也离不开有孚众创多年来在黄冈地区企业服务工作的开展。有孚人深入黄冈市各区域，始终扎根本土，坚持精耕县域的经营思路，秉承“己欲立而立人，己欲达而达人”的文化理念，做县域中小企业的育苗人。公司为县域中小企业提供创新创业全程辅导服务，以培育型、系统化的服务体系，帮助企业全面提高核心竞争力和经营管理创新能力，借助资本市场的力量把“幼苗企业”培育为“大树企业”，进而实现企业、产业链、金融投资机构、区域性股权市场与地方经济的五方共赢。

一、挂牌企业数据概览

自有孚众创（前期为楚商资本）2013年在黄冈地区开展企业四板改制挂牌辅导业务以来，业务覆盖地区包括了麻城市、武穴市、黄梅县、浠水县、团风县、红安县、蕲春县、罗田县、英山县、黄州区等10个县市级区域单位。

2014年，有孚众创在黄冈启动了大别山红安红色板块、鄂东明珠黄梅板块、大别山浠水板块，全年共辅导23家企业登上区域性股权市场。

2015年，有孚众创启动了大别山英山板块、黄冈大别山科技板块、湖北蕲春大健康产业板块，全年共辅导35家企业登上区域性股权市场。

2016年，有孚众创启动了英山云雾茶业板块、大别山麻城发展板块、大别山武穴港板块、红安县生态农业旅游板块、黄州制造业板块、大别山罗田发展板块，全年共辅导92家企业登上区域性股权市场，其中挂牌科技板24家。

2017年，有孚众创启动了大别山金融工程巾帼板块，全年共辅导31家企业登上区域性股权市场。

2018年，有孚众创启动了黄冈大别山扶贫板块，企业服务工作正在进行中。

截至2018年2月，有孚众创总计与255家黄冈企业签署辅导协议，累计完成四板挂牌企业181家（挂牌科技板24家）。

二、服务开展具体措施

（一）服务流程

（1）有孚众创服务人员与当地政府主管部门及企业取得联系。

（2）公司内部立项。

（3）对企业进行尽职调查。

（4）辅导企业进行规范整改。

（5）辅导企业完成股份制改制。

（6）制作企业挂牌申请备案材料。

（7）申请材料报送武汉股权托管交易中心审批。

（8）审核通过后协助企业到政府主管部门备案。

（9）指导企业完成挂牌仪式。

（10）对挂牌企业进行持续辅导。

（二）服务企业：贴心服务支持，“一企一策”

有孚众创在协助企业整改过程中，对企业分类指导，协调解决了企业股权质押、出资不实、财务不规范、经营合规问题，以及土地纠纷、债务纠纷等诉讼环节上出现的问题。在挂牌成功后，积极促进企业与资本的连接，帮助企业定制资本市场解决方案，并提供资本市场顾问专属服务，举办了多场路演活动。

在对企业进行挂牌服务的同时进行持续的辅导，使企业价值大幅提升。具体表现在以下几个方面。

（1）帮助企业登陆区域性股权市场，挂牌企业可以通过挂牌实现股权的增值流动。

（2）扩宽了企业的融资渠道，挂牌后能吸引更多优秀的机构和个人投资者关注，提高股权议价能力，通过增资扩股、股权质押融资、发行私募债券等方式实现融资目标，增强企业发展后劲。

（3）规范法人治理，为登陆更高层次市场做好准备。帮助企业挂牌的过程有效地解决了企业发展过程中面临的各种法人治理和经营管理的问题，逐步熟悉资本市场运作规则，为今后转板打下坚实的基础。

（4）展示企业品牌，提升企业形象。企业挂牌成功后，可以获得市场主体的更多关注。有孚众创也在自己的官网和微信平台为优质企业进行宣传和展示，有利于企业展示品牌、提升形象，构建和聚集企业持续发展所需的各类要素资源。

（三）服务政府：群策群力，携手攻坚

黄冈总人口750万，建档立卡贫困人口达70.4万，是全国14个集中连片特困地区之一，是国家脱贫攻坚的主战场。黄冈市委、市政府始终把完善多层次资本市场建设作为促进经济结构调整和转型升级的重要手段。有孚众创配合当地政府抢抓发展机遇，借力资本市场助推老区脱贫。有孚众创协助企业向政府反馈企业在改制挂牌整改中土地、消防、环评等方面出现的问题。通过政府主管部门牵头，成立联合工作组，与政府相关部门、中介机构、企业共同协调解决相关问题。有孚众创在企业改制挂牌服务中保持信心与耐心，协调各方面支持，久久为功，形成支持企业上市的合力。

对政府的帮助作用体现在以下几点。

（1）协调配合政府部门的工作，提高了政府部门的工作效率。

（2）在大别山金融工程实施后，黄冈金融业在规模、增速、实力等方面实现了稳步发展，呈现出贷款增长趋快、投放结构趋优、融资渠道趋宽、风险防控趋强的良好态势，为社会资本参与黄冈建设、推进长期战略合作提供广阔空间。

（3）连点成线，连线成面，从逐个企业发展，到最后打造特色板块，完善了资本市场建设，帮助黄冈借力资本市场脱贫攻坚，加快了老区振兴发展，打造了县域资本市场发展示范区，推动了黄冈经济的发展，促进了黄冈的经济结构调整和转型升级，金融创新壮大了县域实体经济。

（四）典型案例——大别山金融工程巾帼板块

为了抢抓新一轮多层次资本市场建设机遇，鼓励和支持更多女性企业家借力资本市场创业，促进地方经济，2017 年 2 月，黄冈市妇女联合会、武汉股权托管交易中心、武汉有孚众创企业服务有限公司签署战略框架合作协议，三方合作筹备推出为黄冈市女企业家量身打造的湖北四板大别山金融工程巾帼板块。

自 2017 年 3 月起，有孚众创企业服务人员开始逐个走访企业，在企业股改过程中先后数次深入企业，了解企业情况，为企业挂牌前期辅导工作做指导，帮助企业完善了法人治理结构，规范了财务管理。深入挖掘每个企业的优势亮点，借助挂牌的机会，大力宣传企业。

2017 年 8 月，大别山金融工程巾帼板块启动暨黄冈市 26 家企业股权挂牌仪式在武汉举行，其中 24 家企业都是由有孚众创辅导挂牌的。

当天，有孚众创与其中6家挂牌企业签订《深度服务协议》，为签约企业提供品牌策划、营销推广、管理咨询、发展战略等综合解决方案，助力企业融资融智发展。

2017年9月，有孚众创工作人员再次拜访企业，了解企业经营发展的需求，为其后期更快更好地发展提供咨询顾问服务，在公司微信公众号、官方网站等新媒体平台展示辅导企业的风采。

巾帼不让须眉。巾帼板块有三个主要特征：一是女性作为公司的控股股东或实际控制人；二是女性担任公司“董监高”职务；三是企业中的女性员工比例达到60%或以上。

大别山金融工程巾帼板块经过6个月的紧张、细致的筹备，成为湖北四板市场首个以女企业家创业群体为主角的特色板块。这次集中挂牌为女企业家企业和资本市场架起了一座金桥，在全省乃至全国开了先河。

此次有孚众创对黄冈企业的培育，有利于为黄冈企业定向增资、股权众筹、股权质押融资等架桥铺路，助推已经挂牌企业转板新三板、创业板和主板等更高板块。

三、2018年有孚众创黄冈模式服务升级

现代企业如果不懂资本的知识，没有融资的技巧、股权的思维和企业发展的战略眼光，赢得现代的竞争就会分外艰难。通过对黄冈市企业服务的工作总结，2018年有孚众创将在原有模式上进行服务升级，加强企业的后续辅导，推广深度服务产品，帮助企业提高综合实力。

（一）企业发展顶层设计服务

1. 企业发展战略规划设计

通过对企业的宏观环境、市场、行业、竞争以及资源与能力的分析，结合企业高管内部充分沟通的结论，明确企业未来的发展方向、使命、愿景及核心价值观，形成具体的发展战略。

2. 企业财务管理及税务筹划服务

解决企业财务与税务方面的各种问题，规范财务流程与制度，达到挂牌上市的标准，全面提升财务管理体系，为企业变革和发展提供强有

力的支撑。

3.企业股权设计服务

通过为企业进行股权架构设计、股权估值、股权激励与融资、股权的传承与资产管理，企业重塑股权架构，实现公司价值最大化。

4.企业品牌定位及营销策划

为企业厘清品牌定位和实施战略，帮助企业构建品牌核心竞争力，形成战略匹配性的品牌营销双核模式驱动力，使企业品牌快速上位，销售快速上量，资产快速增值。

（二）加强企业融资服务

1.企业商业计划书设计

通过对企业的行业形势、市场现状、竞争状况、政策监管、商业模式、核心竞争力和财务状况的解析，阐述企业未来的发展前景以及发展计划，制订详细融资计划。

2.企业融资 FA 服务

为企业融资提供第三方的专业服务，帮企业梳理融资的逻辑和对接合适的投资人，提升沟通效率和投融资成功概率。对投资合同谈判提出专业化的建议，包括进行项目的风险评估、确定结构性融资方案、安排融资方式、组织投资方考察、协调投融资实施等。

（三）企业挂牌上市持续培育

新三板挂牌辅导。在辅导企业四板挂牌的基础上，辅导一批企业转板新三板，为企业提供新三板挂牌准备期的辅导服务，帮助企业达到新三板挂牌标准。选择重点项目作标杆，发现企业潜在需求，为地方产业转型升级提供服务。

上市加速器服务。通过企业上市加速器服务，完善公司治理结构，厘清股权，健全会计制度，完善内控制度，使企业整体达到上市要求。具体包括生成 IPO 前企业内部规范化治理方案、进行引进战略投资者方案设计、为企业筛选分析合适的服务机构。压缩企业上市时间，提高企业上市通过率。

从这份材料可以看到有孚众创在大别山金融工程中的作用、经营理念、辉煌成就、服务措施，以及在服务升级与精神层面上的不懈追求。

一家中介公司就可以作出这么大的贡献。要知道，湖北省区域性股权市场有500多家这样的中介公司，它们将成为市域和县域金融工程实施进程中的一股滚滚洪流！

2018年4月11日于珞珈山

《半月谈》谈大别山金融工程

这是《半月谈》杂志在2017年第15期上刊登的一篇由《半月谈》记者江时强和沈翀同志采写的关于大别山金融工程的报道。

从六成储蓄被吸走到400家企业登陆资本市场

——湖北大别山金融工程调查

半月谈记者　江时强　沈　翀

针对贫困地区的“金融失血”症，湖北在大别山集中连片特困地区进行了3年多的金融工程试验。这项工程通过系统规划设计，改革金融要素供给，打通金融服务县域实体经济的“断头路”，激活资本与产业深度融合的内生动力，企业融资难、融资贵的现象有效缓解。

金融试验激出源头活水

“老区银行机构少、缺乏市场竞争、信贷动力不足且条件高，大多存款资源没有留在本地。同时，老区企业不太会运用基金、证券、票据等金融工具，大量中小企业资金短缺。县域经济金融血管不畅、供血不足，抽血、失血严重。”黄冈市金融工作局局长江冠华说。

湖北省黄冈市是地处大别山腹地的革命老区。据介绍，3年前黄冈只有8家银行分支机构，贷存比仅有38%，60%左右的储蓄资金被银行抽到外地使用，2013年一家银行一年只贷给本地企业1亿元，而在本地吸收存款余额30多亿元，到外地轻松实现利润1个多亿。

黄冈市市长刘美频认为，贫困地区存在金融供需断层的根本原因是金融的有效需求不足，具体表现在企业缺乏银行要求的抵押品，治理结构不规范、不透明，信贷投放缺乏保障，同时金融体系不健全、不发达，融资渠道缺乏。

黄冈市从2014年年初开始系统推进大别山金融工程试验：完善区域金融服务体系，引进发展各类金融业态，提升各类金融要素聚焦度；加强诚信体系建设，优化区域金融生态；引入中介服务机构，在全市11个县市区全面推进中小企业股份制改造，规范培育企业主体；省里主导成立武汉股权托管交易中心（四板市场运营平台），辅导推荐合格企业集中挂牌，促进投资融资对接；构建区域多层次资本市场，加大推荐到主板、创业板和新三板上市力度。

启动试验3年来，全市完成股份制改造企业新增268家，400多家企业登陆资本市场，直接融资额累计达到67.6亿元。不少企业反映，黄冈市抓金融工程抓住了“牛鼻子”，让田间地头的小微企业获得了资本的青睐，迅速成长壮大。

运用“两只手”盘活金融供给

黄冈市委书记刘雪荣认为，大别山金融工程是通过政府“有形之手”，结合市场“无形之手”，对区域金融结构和金融生态进行再造，盘活金融供给，满足金融需求。

在具体实施过程中，黄冈从金融供给侧入手，引进银行、证券、保险、基金、股权投资等金融与类金融业态，在充分发挥信贷主渠道作用的同时，将中小微企业引向资本市场，盘活自身资源。积极引导银行下沉网点创新信贷产品，引导券商、中介机构“下乡”深耕，对优质企业进行股改，登陆四板、三板。鼓励保险机构开展小额保证保险，分担信贷风险。3年来黄冈引进、新设23家银行机构，760家投融资机构活跃在老区田间地头。

黄冈市还坚持财政金融联动，变补贴为杠杆。通过奖励政策鼓励更多优质企业在四板挂牌。重构担保体系，通过向担保公司注资，让担保重归公益。整合财政资金设立信贷风险补偿金、融资担保金、保证保险金等，为企业融资服务。

黄冈以金融工程为抓手激活县域经济，湖北省副省长曹广晶表示，此项改革是金融供给侧改革的重要探索，已经取得阶段性成效，将在湖北全省各市州推广。

改革探索期盼政策创新支持

记者调查发现，随着大别山金融工程的深入推进，也暴露出一些问题。

首先，地方金融机构针对中小微企业融资的金融工具供给不足、渠道不畅。武汉股权托管交易中心董事长龚波说，目前虽然湖北银行、汉口银行等26家省内银行机构都开展了四板托管挂牌企业股权质押信贷融资业务，但众多的县域法人银行机构仍注重实物抵押或担保贷款，尚不接受企业股权作为抵押品，也就未曾涉足股权质押融资业务。该中心办理的791笔股权质押融资没有出现一笔不良情况。

其次，缺乏容错机制，基层的金融改革可调配资源有限。多名县域金融办负责人坦言，在大别山区，机构普遍“求稳怕错”，一些适应本地情况的创新贷款产品被叫停。还有法人银行机构反映，“一刀切”式的货币信贷政策对于正在发展赶超的落后贫困地区影响较大。

最后，地方金融监管协调机制仍不完善，不易形成改革合力。有孚众创企业服务有限公司董事长吴军说，越到基层金融监管职能越分散，人行、银监、证监、保监、金融办等各管一块，亟待通过改革发展进一步完善。

通过这篇报道，大别山金融工程就像插上翅膀一样，很快飞向全国各地。全国各地的领导开始高度关注大别山金融工程的有关内容和进展，甚至不少地方的领导带队到黄冈市学习和交流金融工程的做法和经验。大家明白了，原来中国不发达的地方也可以像黄冈市这样进行金融创新，也可以通过金融工程使其脱贫致富。中国一个市域可以这样去做，其他的市域不可以这样去做吗？中国经济的发展又可以登上一个新的台阶了！

2018 年 1 月 20 日于珞珈山

拓展篇

鄂州市金融与航空产业发展

——在鄂州市国际航空大都市建设论坛上的发言摘要

尊敬的各位领导：

大家好！感谢大家又给了我一次在历史悠久而生机无限的鄂州市发言和交流的机会。

按照湖北省委省政府的部署和安排，湖北省下一步在金融工程方面将会有更大的突破。省委省政府要求县域和市域金融工程打造升级版。从哪里升级？如何升级？

我们从今天开的讨论会看见鄂州已经交出了一份令人振奋的答案！

鄂州的答案上清清楚楚地写上了一行：产业金融工程。产业金融工程是市域金融工程的突破口，而鄂州市在产业金融工程中又选择航空产业金融工程作为突破口。这种选择和突破具有重大的战略意义。

我昨天晚上和当地人民银行的领导交流时和大家算了一笔账。鄂州市2016年的GDP在800亿元左右，存款600亿元左右，贷款400亿元左右，固定投资400亿元左右。按照2016年的数字匡算，每增加一元钱的GDP需要投资大约一元钱。

从大家手中的会议材料可以看到，目前国家开发银行和农业开发银行准备投入约500亿元。航空产业金融工程项目的总投资在1000亿元左右，在座的都是银行家，大家一齐上阵，另外这500亿元问题不大。这1000亿元左右的贷款就是1000亿元左右的GDP，可让整个鄂州市的经济指标翻一番。

鄂州不只有航空产业，再加上旅游产业、农业产业、建筑材料产业和高科技产业，我们在2020年GDP不仅有可能翻一番，甚至翻两番以上！这可不只是新常态，更是新常态下的新作为！

鄂州市的航空产业金融工程如何落实？我们觉得可以做好以下几件大事。

（1）做好鄂州市航空产业金融工程规划。

（2）打造鄂州金融中心，即鄂州金融港。

（3）推进鄂州旅游业金融工程。

（4）实施鄂州科技产业金融工程。

（5）做强鄂州保险业金融工程。

（6）构建鄂州产业基金工程。

（7）做大鄂州担保业金融工程。

（8）做实鄂州风险体系建设工程。

以上举措并不是该项目的所有内容，但这些措施基本上可以保障这项工程的顺利进行。

航空产业金融工程突破就可以带动整个鄂州的经济腾飞了！

2018年11月10日于珞珈山

一份关于文化产业金融工程的建言

这是我在 2015 年 4 月 1 日写给宜昌市原书记黄楚平的一份建议书。从这份建议书我们可以看到金融工程如何推动市域文化产业发展。

关于建设中国宜昌裕校家博文化产业金融工程示范基地的建言

尊敬的黄楚平书记：

您好！我是武汉大学中国金融工程与风险管理研究中心的叶永刚。领导百忙之中我写信打扰，是为了汇报在宜昌共建中国宜昌裕校家庭博物馆文化产业金融工程示范基地一事。

2015 年 3 月 28 日，我和我的研究团队有幸参观了袁裕校家庭博物馆。我们没想到能在宜昌看到这样一座文化艺术宝库，被这些文物和展品深深地感动，也被他们一家四代人坚韧不拔的意志和毅力震撼。这里的每一件东西，看起来似乎都很平凡、琐碎，但是它们经历了时光和岁月的冲洗和打磨之后，就像一串串的珍珠和玛瑙，闪烁着奇异和独特的光芒。

我们顿时有了一个深切的感受，那就是这些文化瑰宝不仅属于袁裕校个人及其家庭，而且属于全中国、全人类！

接下来，我们思考的一个问题是，如此丰厚、珍贵的文物怎么堆放在这样一个简陋不堪的地方呢？这个博物馆的馆藏条件太差了！如此下去，连文物的保管都会成为问题。

因此，我们建议在保留家庭博物馆现址的基础上，加快该博物馆产业园区的建设。我们武汉大学中国金融工程与风险管理研究中心愿意竭尽全力，与宜昌市人民政府一起共建，并以此作为中国文化产业金融工程的一个示范基地。大体构想如下。

（1）由宜昌市政府拿出土地资源入股，与该博物馆和其他相关企业组建股份制公司。该公司可由博物馆控股。

（2）将该公司拿到武汉市股权托管交易中心挂牌，将来逐步发展成为一家文化产业的上市公司。

（3）以股权质押融资的方式筹资解决文化产业园的建设资金。

（4）以该挂牌公司的名义发行私募债，积极鼓励社会各界支持和参与。

（5）以未来博物馆门票收益作为质押来融资。

（6）可引进风险投资公司和各种产业投资基金。

（7）可动员社会各界捐赠资金或各种藏品。

（8）可通过互联网金融筹集建设资金。

（9）可争取各级产业园区作为集团控股公司而将单个博物馆或其他项目作为子公司到资本市场筹集资金等。

以上措施只是整个文化产业金融工程的初步轮廓，具体构想还需要做进一步的调查研究。

该示范基地事关重大，一定能够打造成为宜昌文化产业的一张精致名片。我们诚恳希望宜昌市委市政府高度关注和重视，并组织相关部门进行协调和研究，以尽快启动该项目。我们武汉大学中国金融工程与风险管理研究中心将积极配合市委、市政府的部署和安排，努力作出我们应有的贡献。

以上建言多有不妥之处，谨供领导决策参考。

致礼！

叶永刚

湖北省人民政府咨询委员

武汉大学经济与管理学院教授

中国金融工程与风险管理研究中心主任

2015 年 4 月 1 日于武汉大学

黄楚平同志收到这份建言后，对此高度重视，专门作出了批示，并且由分管领导召开了专门的工作会议予以研究和协调，使其工作顺利推进。

2018 年 2 月 19 日于珞珈山

松花江金融工程第一枪

——2017年7月20日在松原市企业挂牌上市专题工作会议上的发言（摘录）

叶永刚

尊敬的李岩副市长，尊敬的各位领导：

大家上午好！感谢大家在百忙之中参加这次专题工作会议，并在今天又一次给我在松原发言的机会！

我这次的发言，主要向大家汇报如下几个方面：一、这项专题工作的意义；二、对这项工作的几点建议；三、对这项工作的几点希望；四、下一次来松原的主要工作内容。

一、这项专题工作的意义

这项专题工作是我们整个松花江金融工程的第一个重大举措。前面的工作主要围绕方案的制定进行，但是这项工作却拉开了方案实施的序幕。这是第一幕或者叫作第一枪。这一枪意义非同小可。

我们在这次行动中要按照市委市政府的指示，组织和动员100家以上的企业到股权交易市场挂牌。在这些挂牌企业中，要有20家以上的企业进行股改。而且这些股改企业挂牌之时也是各家金融机构与它们签订融资方案之时！

这件事将在吉林省的资本市场建设上迈开关键性的一步，我们拟将这个板块称为松原板块。这个板块不仅在数量上破了吉林股权市场的纪录，而且进行股改的企业总数超过了吉林省股改挂牌企业的总数。

这件事不仅对于松原市的经济发展有推动作用，而且对于吉林省和整个东北三省的经济工作有巨大的示范作用！

二、对这项工作的几点建议

（1）拟出挂牌企业名单。

（2）确定股权改制企业名单。

（3）股交所松原运营中心进场进行推介并对股改企业改制。

（4）政府出台相应政策。

（5）制定挂牌企业启动仪式的筹备方案。

（6）落实该项工作的相关责任人。

三、对这项工作的几点希望

（1）政府尽快出台奖励政策文件。

（2）工信局主抓该项工作，分管领导加强与领导小组和金融办的日常衔接工作。

（3）工信局与股交所松原运营中心制定挂牌启动仪式的筹备方案。

（4）各家金融机构以建设银行和邮储银行为榜样制定挂牌上市企业的融资方案。

（5）各县、区将分解的指标任务落实到责任人。

（6）股交所松原运营中心按期完成推荐和股改任务。

（7）下个月举办一次拟挂牌企业的培训会议。

（8）九月中上旬顺利启动挂牌仪式。

四、下一次来松原的主要工作内容

（1）召开金融机构创新工程专题工作会议。

（2）举办挂牌企业培训大会。

（3）讨论挂牌仪式筹备方案。

2017年7月30日于松原

市域金融工程与债转股

2017年12月10日，我受河北省邢台市发改委的委托，赴邢台市为其沙河市的一家企业制定债转股的实施方案。以下是我为该企业制定方案的草拟稿。

河北大光明实业集团有限公司债转股实施方案

（草拟稿）

根据十九大报告和习近平总书记在一系列金融工作会议上的讲话精神，按照河北省发展和改革委员会《关于提供市场化银行债权转对象企业有关情况的通知》和邢台市发展和改革委员会《关于建立邢台市积极稳妥降低企业杠杆的工作联席会议制度的通知》等文件的要求，特别制定河北省邢台市大光明实业集团有限公司债转股实施方案（以下简称方案）。

一、方案指导思想

遵循“金融活经济活，金融稳经济稳”的精神，坚持金融为实体经济服务的根本原则，落实金融普惠的服务宗旨，进一步化解金融风险，突破中小微企业融资难融资贵困境，推动经济持续健康发展。

二、方案实施目标与任务

通过该方案的制定与实施，完成企业的债转股工作，建立现代企业制度，拓宽融资渠道，筹措目前发展急需的资金，恢复正常生产，推动在河北省区域性股权市场挂牌，并让企业在“十三五”期间样板上市时作为典型案例，成为其他企业融资和发展探索借鉴和学习的样板。

三、方案实施内容与责任分工

1. 企业债转股

引进券商或其他中介结构将现行分离银行债权转为股权，企业改制为股份制公司，并建立完善的现代企业制度和形成法人治理结构，为企业挂牌和转板打下一个坚实的基础。

责任单位：发改委、金融办和经信局。

2. 企业在区域性股权市场（俗称四板）挂牌。将改制后的股份制公司在区域性股权市场登记托管并在其交易平台上挂牌，以扩大对该企业的宣传并增强知名度和影响力，为股权融资和转让做好准备工作。

责任单位：经信委、金融办和发改委。

3. 股权质押融资

在各商业银行进行股权质押融资，以获得企业恢复生产和保证后期生产顺利进行所需的流动资金。

责任单位：人民银行、金融办和发改委。

4. 可转债发行

企业挂牌后可在河北省区域性股权市场发行可转债，筹集企业所需资金。

责任单位：金融办和发改委。

5. 产业基金投融资

运用各级政府和各种社会产业基金对企业进行投融资，以推动企业更快转制和实现转型升级，提高竞争力，为上市工作做好前期准备。

责任单位：金融办、经信局和发改委。

6. 担保基金支持

利用现有担保体系，设立专项担保基金，为企业发行可转债和向各家金融机构融资进行担保，使企业恢复生产并扩大生产规模。

7.资产管理公司参与

引进本地或外地资产管理公司，投入必要的资金盘活存置资产，使企业轻装上阵，重新焕发生机。

责任单位：金融办和发改委。

8.企业转板上市

引进证券商培育企业，使企业真正成为现代化的上市公司，并形成良好的融资通道和顺畅的资金退出机制。

9.玻璃期货市场运用

运用期货市场拓展市场营销通道，并把控玻璃市场价格风险，以保障生产正常运行并降低和防范风险。

责任单位：金融办、人民银行、银监局和发改委。

10.仓单质押融资等工具运用

仓单质押融资可盘活企业的库存资金并拓宽融资渠道，此外，融资租赁业务、保险业务、保理业务等都可配套使用。

责任单位：人民银行、金融办和发改委。

四、方案实施的保障措施

（1）明确发改委对此工作的主导和协调责任。

（2）建立联席会议制度，定期或不定期讨论并制定相关政策与措施，以保证该项工作的顺利落实。

（3）强化对该项工作的考评督办，定期通报工作的进展情况。

（4）做好企业改制后的投融资支持，按照市场化和法制化的原则，积极推动各金融机构服务企业，走出融资难的困境，走上健康发展的道路。

（5）加强对该项工作的宣传报道，以扩大其社会影响力，为其他企业的发展提供良好的借鉴与样板。

离开邢台市之后，我一直在想，目前在经济下行的压力下，有不少企业已经成为所谓的“僵尸企业”。如何盘活这些“僵尸企业”，使其恢复生机，已经成为摆在我们面前的一项重要而又紧迫的任务。

我真诚地希望河北沙河市的大光明实业集团有限公司能够顺利地实施债转股的试点，重新走向健康发展的道路。

2017 年 12 月 20 日于珞珈山

市域金融工程与乌兰察布随想

这次我去乌兰察布作一场报告，意义非同小可。从地域上讲，如果这次报告能引起大家共鸣，乌兰察布就突破了。乌兰察布突破了，整个内蒙古就突破了！

乌兰察布要实施金融工程，既有其一般性，亦有其特殊性。其一般性在于乌兰察布像全国所有的市县一样，对于经济与金融的关系缺乏深层次的了解。这涉及战略分析，是长期性的问题。就其特殊性来说，首先是内蒙古自治区的特殊性。内蒙古自治区前几年的“十个全覆盖”差不多将各地的财政掏空了，地方财政极其困难，这是短期性的问题。解决这种长期与短期纠结在一起的问题，其基本的思想应是“长短结合”，通过解决长期问题促进短期问题的解决。

上面是从问题层面来看，从资源层面来看，乌兰察布的优势在哪里？有旅游资源、文化资源、交通资源、农牧业资源、矿产资源，还有金融资源，这是乌兰察布的宝藏和财富。我们用金融来激活这些宝藏和财富，乌兰察布的问题就可以迎刃而解了。

针对乌兰察布的现状，运用金融工程的理论和方法对症下药可以从以下几个方面入手。

（1）区域性股权市场与企业挂牌上市。

（2）银行机构金融创新。

（3）政府投融资平台融资。

（4）政府产业引导基金。

（5）招商引资金融工程。

（6）生态旅游金融工程。

（7）农业金融工程。

（8）智慧城市建设金融工程。

（9）乡村振兴与扶贫金融工程。

（10）风险管理体系建设金融工程。

在这十大工程中，招商引资金融工程会成为一个亮点。能否利用湖北与内蒙古的特殊关系，在乌兰察布共建一个湖北工业园，从根本上解决乌兰察布的资金有效需求问题呢？我们拭目以待。

2017 年 7 月 25 日于珞珈山

金融工程师的工具箱化解地方债务风险

这几天走在内蒙古的大地上，我一直在思考着内蒙古自治区地方政府的债务风险到底能不能化解。

我首先想到的是企业股改和挂牌，这是第一个工具。接下来我想到了担保和再担保业务，这是第二个工具。我最后想到的第三个工具就是区域股权上市发行可转债。

从工具箱中掏出这三个工具，基本上就可以用来化解地方政府的债务风险了。这三个工具放在一起可形成一个金融工程方案。

从地方政府的债务风险来看，现有的预算资金很少能够用来还债。接下来是卖土地，但是我国的县域和市域大都处在边远地带，土地价格上不来，也就卖不了多少钱。最后还有一条路就是发展经济扩大税源了。如何扩大税源？

运用第一个工具企业股改和挂牌将企业规范化。

运用第二个工具担保和再担保业务为企业融资担保，并且为政府投融资平台公司的融资担保。

再运用第三个工具为政府投融资平台公司和企业发行可转债。政府可用发行可转债所获得的资金来设立产业基金，并将这些产业基金投放于股改挂牌的企业。

这三个工具如果充分发挥作用，就壮大了企业，推动了产业的发展。而企业融资之时，就是税收部门向企业和金融机构抽税之时。这一盘棋很快就活起来了。这简简单单的三种工具组合在一起就可以化解政府的债务风险，而且这种化解是从源头做起，是从根本上解决问题。

除了这种三工具的解决方案之外，还可以加上各种其他的金融工具，形成四工具等。接下来，再来看化解债务风险的五工具。

（1）企业股改挂牌。

（2）发行可转债。

（3）融资担保。

（4）资产互换。

（5）融资租赁。

还有十工具。

（1）企业股改。

（2）发行可转债。

（3）融资担保。

（4）资产互换。

（5）股权质押融资。

（6）股权转让。

（7）设立产业基金。

（8）招商引资。

（9）债权转股权。

（10）保理业务。

除了以上所说的三工具、十工具之外，还可以找到各种工具来化解这种风险。这就是金融工程师的工具箱的神奇作用。

过去在运用工具箱中的工具解决问题时，往往关注到微观的应用层面，而现在由于有了宏观金融工程的理念，就可以将它们运用到宏观层面，即政府的财务管理层面了！

2017年12月30日于珞珈山

赣江金融工程要来了

2017年8月25日上午，我们在赣州市政府金融局与蓝局长相谈甚欢。

这是我第二次见蓝局长。蓝局长50岁左右，精力充沛，充满激情。第一次见面是在2017年春节，我第一次到赣州，在他的安排下到崇义和兰康进行座谈调研。这一次也是他的安排，让我到兴国和崇义调研。

我向他报告了在兴国调研的情况，并一再感谢他的悉心安排。我告诉他，兴国的资源丰富，有很好的发展前途，但资金外流情况严重，200亿元左右的存款，有100亿元左右外流，而且就2017年上半年的情况来看，流失更为严重。

我还告诉他，兴国对资金和如何利用资本市场的认识还存在很大的误区。大家知道资本市场重要，但是对于资本市场发展的路径如何选择，目前还很不清楚。该市只关注到了三板，而没有真正认识到四板市场的作用。在四板市场的运用上，只有20家左右的企业挂牌，而且都没有改制，没有改造为股份制公司。因此，我迫切希望赣州市委市政府能在这个问题上引起高度重视。

蓝局长告诉我，这件事不能怪县上的各位领导同志，这种状况与目前的行政管理体制有很大的关系。金融局目前负责协调整个地方的金融工作，但是对于资本市场而言，金融局可以管理三板市场上的事情，但是管不了四板市场上的企业。这些企业的改制属于工商行政部门的管理范围。金融局管理就是越界，超越了工作的职责范围，所以造成了目前的这种状况。

我告诉他，在湖北省，金融局是通过县域金融工程和市域金融工程来解决这个问题的。因为金融工程是“一把手工程”，一把手统一来抓，这个问题就迎刃而解了。

蓝局长听了很高兴。他又对我说：“我们先拿三个县来做县域金融工程的示范。一个是兴国，作为贫困县的样板县。一个是崇义县，可作为非贫困县的样板县。第三个是龙兰县，这个县有经济开发区。这三个县干起来了，我们就可以尽快铺向全市所的县区。同时，我希望武汉大学团队能够帮助我们设计赣州金融工程方案，我们可将市域金融工程与县域金融工程一并考虑。”

我接着说：“那我们就干脆叫赣江金融工程吧，这样岂不是更完美一些？”

蓝局长说：“名称的问题是小事，后面我们还可以再商量，关键是要把事情干起来，要落到实处，要见实效！”

我答应他：“那好！赣州市的金融工程听市委市政府和您安排。我和我的团队心里十分清楚，我们是来帮忙的，只能帮顺忙，决不帮倒忙。下个月我带着团队再来，在这些调研的基础上，我们拿兴国和崇义的实施方案初稿来见你！”

“好！”我们两个人的手紧紧地握在了一起！

2017 年 8 月 27 日于珞珈山

鄂尔多斯的朋友们来了

鄂尔多斯的朋友们来参加湖北的金融博览会了，他们利用这次机会到湖北调研金融工程。

我们在武汉股权托管交易中心 3002 会议室举办了一个业务座谈会，会议议程如下。

（1）武汉股权托管交易中心董事长龚波致辞。

（2）鄂尔多斯人民政府办公室副主任赵刚荣介绍调研活动主题及相关内容。

（3）荆州市人民政府办公室副主任程飞介绍荆州市多层次资本市场建设基本情况，以及荆州市政府与武交中心合作情况。

（4）黄冈市金融工作局副局长李拥军介绍黄冈市多层次资本市场建设基本情况，以及黄冈市政府与武交中心合作情况。

（5）湖北省政府咨询委员，武汉大学中国金融工程与风险管理研究中心主任叶永刚发言。

荆州的程飞副主任介绍了荆州壮腰金融工程，特别强调了政府信用的重要性，该奖励的政府必须兑现，要不然整个工作没法深入推进。荆州的金融工程还有几大亮点，一是正在发行可转债，二是担保基金与产业基金的联动，三是企业挂牌上市工作的责任状制度。

黄冈市的李拥军副局长介绍了黄冈的大别山金融工程，特别强调了资本市场的作用，强调了企业股改的重要性，强调了扶贫金融工程的重要性。

我最后发言，强调了鄂尔多斯的资源优势，并提出了如下几条建议。

（1）尽快实施鄂尔多斯生态草原金融工程。

（2）推动市县互动金融工程。

（3）推动企业改制挂牌金融工程。

（4）构建“三金结合”和“市县互动”的鄂尔多斯模式。“三金”即担保基金、产业基金和扶贫基金，这三者结合起来与股交中心形成联动，一盘棋就会活起来了。

（5）将鄂尔多斯市打造成内蒙古自治区的第一个市域金融工程的样板。

接下来，大家在热烈的气氛中进行了深入的对话和交流。

我们的内蒙古大草原金融工程终于启航了！鄂尔多斯的朋友们来了，意味着内蒙古又一个盟市开启金融工程的进程了！

2017 年 11 月 21 日于珞珈山

票据金融工程也是一个系统工程

我希望武汉票据交易中心能在全国走出一条崭新的道路，这条道路叫作票据金融工程。它的基本思想是让商业票据与贴现和担保结合起来，以支持急需资金的那些中小企业。

2016 年 6 月 22 日下午，湖北大正投资担保有限公司的颜家银董事长来访。这家投资担保公司是湖北省荆州市唯一一家当地政府控股的担保机构。我向他介绍了票据金融工程的基本思路，他听后觉得很有必要进行示范，然后予以推广。

我接下来拨通了武汉票据交易中心方敏董事长的电话，约他一谈，他爽快地答应了。在武汉票据交易中心，我首先说明了意愿，颜家银董事长提出了希望，方敏董事长很快切入了问题的关键。

他问道："您的大正投资担保公司的资质是什么级别？"

颜家银董事长回答："A 级。"

方敏董事长马上说："A 级不够，资金提供方对 A 级不感兴趣。"

我建议："能不能找一个资质上更高且符合条件的担保公司再担保呢？"

颜家银董事长接着说："可以。比如说，三峡担保公司的资质是 AAA 级，我们有战略合作协议。"

我回头望向方敏董事长，他笑着说："这就可以往下谈了。"

我接下来补充了一个问题："能否将中小企业的融资成本控制在

10% 的年化利率以下呢？”

方敏董事长回答：“从目前的情况看，12% 应该是有根据的。10% 以内还需要各方一起来谈。”

大家接下来就细节问题进行了磋商。这次交流让我更坚定了实践票据金融工程的信心，同时也使我认识到，票据金融工程与先前很多金融工程措施一样，需要省、市、县三级政府投融资平台的支持与配合。票据金融工程同样也是一个系统工程啊！

2017 年 6 月 26 日于珞珈山

市域金融工程与投保联动的探索

市域金融工程的一个重要突破口是政府投融资平台。政府的投融资平台不少，到底从哪一个开始突破？最好的当然是政府控股的担保公司。

政府控股的担保公司如何突破？从今天下午湖北大正投资担保有限公司的王关云老总和我的一席话中有望找到一条有效的路径。

我们将这种做法称为投保联动金融工程，其要点是将地方政府的担保公司与产业金融合作，让产业基金不仅进得去，而且出得来。

具体内容如下。

（1）地方政府、担保公司和基金公司共同出资组建产业基金公司。

（2）产业基金公司投资于地方政府和担保公司筛选的四板挂牌企业。

（3）产业基金公司对企业享有一个赎回的权利，即企业赋予产业基金一个回购股权的期权。

（4）担保公司对企业的回购风险兜底，即担保公司对此担保。

（5）产业基金公司如果不行使其期权，可继续保持投资并可将企业转板上市。

这种做法解除了当前金融公司的后顾之忧。目前的金融公司要么找不到合适的项目，要么担心找到了项目投进去之后存在很大的风险。

这种项目因为最后由担保公司对风险兜底，所以担保公司在挑选当地项目时会特别认真，挑选出好项目的概率也很大。还有一点要说明的是，因为这里给产业基金公司赋予一个期权，所以给它们提供了一种可供选择的退出机制，产业基金公司的风险大大降低。

这种金融创新真可谓一石三鸟。一是企业获得了融资，二是担保公司拓展了业务，三是产业基金公司降低了风险。更准确地说，应是一石四鸟，还有一个是政府，政府搞活了整个地方经济，何乐而不为！

接下来的工作就是选择试点。可以先从荆州突破，再推广到其他市域。这个金融创新更适合从市域突破，市域可调用更多的资源进入担保公司，将担保公司做强做大，并拿出资源来与基金公司合作。市域建立了这种产业基金公司，就可以辐射到市辖的所有县域了，就可以在每一个县域挑出好的企业和项目来拓展了！

我告诉王关云老总："我们马上行动。这个星期，我们就到荆州市去做政府的工作！"

中国的市域金融工程啊，在你的田野上，春风吹来，眼看着又会开出一朵奇异的花朵……

2017年8月7日于珞珈山

市域金融工程与南洋商业银行协同创新

南洋商业银行（中国），以下简称南商（中国），在成都开了两天的会议，讨论该行2017年中期工作。我作为该行独董，有幸参加此会。该行是中国迅达集团旗下的一家外资银行，接受双重领导，一是迅达总公司，二是香港的南洋商业银行香港总公司，以下简称南商（香港）。如何使该行的发展凸显自己最大的特色？大家形成了一致共识，那就是协同创新。迅达、南商（香港）、南商（中国）这三者的协同是一种协同，还有一种更为宏大的协同就是这三者加上政府，特别是地方政府的协同。我把这种协同称为"大协同"或者南洋商业银行（中国）协同创新金融工程，并将它与我们的区域金融工程对接。我向大家建议，一是将南商（中国）的业务下沉到县市一级，二是突破自己的优势，三是实行"大协同"。具体来讲，可以先拿一家分行选定一个县域或市域来做。可对一个县域或市域制订一个融资方案，其主要内容有：①帮地方政府投融资平台制订一个融资方案；②帮助地方政府成立产业引导基金；③与地方政府共同成立产业基金；④将产业基金与南商（中国）的银行业务进行投贷联动；⑤做活做大存款和表外业务。一家分行做起来了，再推广到各家分行，逐步扩大到全国各地。

这次会议结束后，我会专程到上海，与南商（中国）各个部门进行沟通，统一意见后，再制订一个初步方案，然后可选择一家分行先行先试。

这次成都会议期间，我们与合肥分行朱行长进行了磋商，她认为有可行性，并建议先拿安徽的芜湖市作为试点。

看来我们的金融工程又会有一次新的突破了！

2017年8月4日于珞珈山

金融工程与金融产业

——2017年7月25日在国创资本公司2017年中期工作会议上的发言（摘录）

各位领导：

大家好！感谢大家在中期工作会议上让我来发言！

我想讲一讲金融工程与金融产业的关系，特别想讲一讲金融产业的创新和其中的协同创新！

我们武汉大学中国金融工程与风险管理研究中心的团队在世界上第一次提出了宏观金融工程的概念。在宏观金融工程的应用层面，我们提出了产业金融工程和区域金融工程的理念。

金融也是一个产业。产业金融工程的思想研究可以应用于金融产业。我们完全可以形成一个新的研究领域，叫作金融产业工程。对于金融产业中的任何一种业态，我们都可以运用这种创新的理念来进行创新。这种创新要求我们跳出金融机构来办金融。拿国创资本来说，它是一种类金融机构的金融控股集团，金融牌照不仅有集团本部的股权和债权业务，还有保险、融资租赁、担保、小贷、资产管理等业务，我们可以将这些业务连接起来，形成一个产业链条。

首先说融资租赁。融资租赁可以解决四板挂牌企业的长期资金问题。融资租赁还可以解决产业的结构调整问题，并且由于我们的融资租赁注册在自贸区，还可以利用自贸区的政策将境内外的资金打通使用，从而降低成本。

再来说保理。保理可以解决四板挂牌企业的短期资金问题，还可以与融资租赁一起解决长、短结合问题，甚至可以对融资租赁形成的应收款进行保理。

最后谈担保问题。可以对保理资产进行担保，以防范其信用风险。不是还有小贷业务吗？可将担保的保理资产证券化。不就可以让小贷业务进入了吗？还有资产管理公司，万一企业办垮了，就用资产管理业务去盘活它！

我们用这个“集团军”去对付任何一个企业，都可以为这个企业提供全方位的优质服务。不仅可以用于企业，而且可以用于政府。它可以与我们的区域金融工程联姻，对一个区域发挥整体的推动作用。这样一来，我们就可以从业务上的“游击战”变成与“阵地战”相结合的“全面战争”了！

这就是协同创新，就是中国国创资本金融工程，是类金融机构的金融工程！希望我们的金融创新部门能够好好地琢磨一下，拿出一个方案来，先找一个区域试一试，再进行复制和推广。

我们知道，区域性股权市场与区域金融工程的结合已经形成了中国经济发展的新动能。这是“草根资本市场”与“草根经济”的结合，国创资本属于“草根类金融市场”，这三者结合所形成的“三合一”对经济发展的推动力将不可限量！

2017年3月26日于珞珈山

随想篇

金融工程与理念

这些年的金融工程理论与实践让我有很多的体验与感悟。

我们和搞实际工作的人相比，做事是他们的长处，理念则是我们的长处。理念即说法，从本质上讲，我们就是要找说法。说法找到了将会带来一系列的变化。总结起来，可以如下的连接方式反映：理念—目标—路径—方案—实施。

中央提出了五大理念，我觉得第一个理念创新最值得我们细细品味。在所有的创新中，我特别在意理念创新，理念改变，目标、路径、方案、实施都会跟着变化。

经济学和金融学要进入工程化。要想进入工程化，最好从以上五个环节做起。

2016 年 11 月 18 日于珞珈山

“松花江四板斧”振兴东北经济

我们的宏观金融工程试验，从县域到市域，从省内到省外。在干的过程中，我们也经历着不断深化的认识过程。这次在松原市的金融工程示范，与湖北省的大别山金融工程相比有了很多突破。

一是在理论上的进一步突破。我们在实践松花江金融的过程中，想通了“金融大推进”的理论问题。“金融大推进”可以从以下几个方面论述：①金融大聚变；②金融大裂变；③金融大循环；④金融大爆破。实际上，我们在金融对经济的反作用力上想清楚了很多问题。政府投融资平台是个非常重要的引爆点。

二是在切入点上的突破。一个切入点是银行业创新金融工程。我们通过中国建设银行的协同创新为商业银行金融工程找到了一条崭新的道路。另一个切入点是平台的融资。商业银行和证券公司出组合拳为政府的投融资平台发债，一下子解决了政府引导基金的资金来源。第三个切入点是招商引资金融工程。该项工程侧重解决资金的有效需求，这样一来，金融工程就将资金的有效供应与资源的有效需求进行了无缝对接。

以上这三个切入点也可以称为“三板斧”，或者叫作“松原三板斧”。我们可在这个基础上加上企业挂牌上市这一湖北省的“通山板斧”，这就有“四板斧”了！可以将这“四板斧”称为“松花江金融工程四板斧”，或者简称“松花江四板斧”。有了它，我们何愁砍不出东北经济振兴的道路来！该出手时就出手，不用等待了，让我们挥起“松花江四板斧”吧！

2017 年 6 月 29 日于珞珈山

金融工程的“定海神针”与四张王牌

早晨上班，走在珞珈山的林间小路上，我又想起了金融工程的那五张王牌：风控、盈利、融资、政府资源配置、全球资源配置。

金融是一种资源配置的方式，但是大多数地方政府在资源配置上都处在“亚健康”状态，结果造成大量资金外流，严重地制约了经济发展。如何才能治好这种“亚健康”呢?

答曰：五张王牌！但仔细一想，其实是四张王牌。因为我们的目的无非是要在当地形成一座金湖，让资金汇集到当地。靠风控、盈利、政府资源配置、国外资源配置这四张王牌的综合运用，就可在当地形成一根“定海神针”！从时间和空间这两个维度，使资金向当地靠拢。可见这四张王牌也就是在服务于另一张王牌——融资！

2017 年 6 月 23 日于珞珈山

欠发达地区的金融创新

松原市的金融工程正在按计划稳步推进。为了将这项工作做扎实，松原市组织全市主要职能部门的领导干部到湖北省黄冈市和武汉股权托管交易中心学习和考察，并且回去之后进行了总结讨论。

我记得上次去松原时，高材林市长告诉我，大家一致认为，这次到湖北学习考察收获很大。其中有一个重要的结论就是：欠发达地区同样可以通过金融创新推动经济持续发展。是呀，我们选择的第一个示范县通山不就是这样的吗？扩大示范的二十七个县域不都证实了这点吗？在黄冈市示范的大别山金融工程不也是这样的吗？不仅如此，我们在一开始就打定主意要为全球树典范，因为全球在金融普惠和金融服务实体经济这两个问题上都没有做好。然而，我们需要进一步思考的问题是：为什么欠发达地区也可以通过金融创新推动经济持续发展呢？答曰：因为制约欠发达地区发展最主要的两条是观念和资金。观念落后在于没有很好地认识到金融创新的重要性，资金问题在于资金流失。

我们在湖北省实际做了两件事，第一件事是解放思想，让大家恍然大悟。大家感到，原来经济还可以这样干哪！第二件事是制定一个方案，这个方案就是用金融工程的方法来控制风险。控制了风险就阻止了资金的流失，不仅如此，还可以将别人的资金也吸引到本地来。有了钱，不就有了经济发展速度吗？经济学有一个柯布-道格拉斯生产函数，

那是关于 y 和 K 之间关系的模型。K 就是资本，就是钱，y 就是 GDP。欠发达地区并不缺资源和资金，只不过没有通过金融创新去激活而已！金融工程的原理和方法恰恰是激活这种资源和资金的发动机和搅拌器！

并不是所有的人都认识到了这些道理，欠发达地区的经济工作领导更需要去学习和感悟这些道理。要不然很可能就会形成“一龙难戏千江水”的状况。正因为如此，我们宏观金融工程的推进无非就是两件事：作报告，出方案。最后需要政府对方案落实，那主要是政府的工作，而不是我们这些学者唱主角。记住：作报告是要解放思想，出方案是要作顶层设计，使其观念能够真正变成行动的指南！

我们欠发达地区的领导、发展中国家和地区的管理者，珞珈山在发言呢，你们听见了吗？

2017 年 6 月 22 日于珞珈山

中国经济发展的新引擎

新华社湖北分社上半年对湖北实施县域金融工程和市域金融工程进行了全面系统的调研和采访，并在此基础上写了两篇极有分量的报道在内部重要刊物上发表，同时在《瞭望》和《半月谈》上公开刊出。

此事对我和我的团队是一种极大的鼓舞。

昨天晚上，几个好朋友在一起喝酒庆祝。我借着酒兴告诉大家，新华社对这些事抓得很准！湖北省这些年工作做得很实在，区域性股权市场的建设将近十年了，十年磨一剑，现在挂牌企业超过3000家，做成了中国第一。这是我们在县域金融工程中选择的一个突破口。它的意义非同小可！首先，它是中国经济发展的一个重要突破口，因为在整个金融结构中，直接金融是个短腿。其次，它是真正的普惠金融。中国将资本市场的门槛放低，让无数的小企业可以踏上资本市场的康庄大道，这会为中国经济的发展注入新的活力，形成强大的推动力！

县域金融工程的实施形成了中国经济发展的又一个突破口。中国是发展中国家，县域经济是二元经济的薄弱部分。解决了农村这一元的发展就解决了中国经济的发展。湖北省的县域金融工程为全中国甚至全球树立了一个典范！

湖北省不仅抓住了这两个突破口，而且将它们对接起来，形成了县域金融工程与区域性股权市场的联动。区域性股权市场为县域经济找到了新的发展路径，而县域经济又为区域性股权市场的发展保驾护航。二者相互依存而又相互推动和促进。正因为如此，有人将此举称为湖北模式，称为中国经济发展的新引擎！

我告诉大家，湖北省的金融工程还须更上一层楼！我们不仅要将县域金融工程与区域性股权市场联动，而且要将市域金融工程、省域金融工程与区域性股权市场联动，这样做的推动作用会更大。这叫作区域金融工程与区域性股权市场的联动，这种全方位的联动会更快地推动中国经济发展！

2017 年 8 月 7 日于珞珈山

我一辈子的梦想

我一辈子的梦想就是要将宏观金融工程应用于中国的经济实践。我们先从通山做起，后来做到了黄冈，现在开始走向全国，如果身体允许，还想走向全球。

在实施宏观金融工程的过程中，我们也走了很多弯路。一开始，我想号召全国的同行一起来干，形成协同机制。但是后来发现很困难，因为高校的这些同行都是同质化的，同质化的同行一起，很难形成合力。后来，我们在实施的过程中找到了新的途径。我们主要不是通过与高校的同行来协同创新，而是与政府和金融机构来协同，这样一来，协同的作用就充分发挥出来了。

我们找到的重要突破口就是将顶层设计能力与区域性股权市场的政府平台作用结合起来，共同实施各级政府的金融工程。这下皆大欢喜，各自发挥长处而又互相促进！

我们2017年在江西、海南、内蒙古、吉林布置了四个点，这四个点进展比较顺利。这次湖北省召开金融博览会，全国股交中心掌门人都会来开会。我们可抓住这次机遇，与全国的股交中心合作，在每一个省办一个点，由点到面，金融工程就可以走向全国了。

我抬头仰望青天，问：老天爷，您还能给我多少年？至少给我十年吧！我相信，十年之内，我和大家一起就能实现宏观金融工程梦。

2017年11月21日于珞珈山

后　记

写完这本书，已是大年初六了。抬头听到窗外珞珈山林中传来了鸟儿的欢唱声。它们的歌声仿佛在唱着：春天来了！啊，又一年的春天来了！

大自然的春天，一年四季只有一次。然而，人类创造的春天，却是一个接着一个，日新月异，万象更新。

我想将这本书的主要内容归结为四点。

第一点是“知其然”。这本书是《金融非常态——中国县域金融工程笔记》的姊妹篇。这两本书都是要研究中国问题，研究如何运用金融创新去推动中国经济发展。我们必须从中国实际出发，从现实问题出发，不能空对空，必须实事求是，因此我们在书中分析了中国现实中存在的各种金融现象和问题。金融工程具有很强的应用性，它是要开出“药方”的，而开“药方”首先要看准“病情”。

第二点是“知其所以然”。其所以然就是金融工程之“道”。金融工程之“道”不仅要分析各种金融现象和问题存在的原因，而且要从理论上讲清楚所开“药方”的“药理”，而不是让大家稀里糊涂地“吃药”。比如金融与经济问题的关系，比如金融工程如何做到“无中生有”，比如政府的“有形之手”如何与市场的“无形之手”结合起来创造套利空间等。一旦弄清楚了这些最基本的道理，县域金融工程和市域金融工程推行起来就要顺利多了！

第三点是“使其然”。金融工程与经济学和金融学的一个重要差别就在于前者需要工程化分析，而后者主要是定性分析和定量分析。我们现在的很多研究仅仅停留在科学思维层面，只是在运用数学建模和实证分析在那里解释世界，然而在现实生活中仅靠这一点是远远不够的，我们最需要的恰恰是改变世界，因此“使其然”就显得格外重要了！对于金融工程来说，光讲道理是不够的，必须开出“药方”。“药方”就是实施方案，我们面对任何一个县域、任何一个市域，必须一针见血，拿出一个非常厉害的实施方案。在这个实施方案中，一定要对症下药，要有几味真药、猛药，做到药到病除！大别山金融工程就是一个这样的范例！

第四点是“顺其自然”。我们不能蛮干，自然是有其规律的，抓住了规律和没有抓住规律是不一样的。现在地方领导干部都知道金融重要，但是到底有多重要，到底如何才能充分发挥这种重要作用并非十分清楚，因此，在工作中便有了很大的盲目性，造成了极大的浪费和低下的经济效率。我们写这本书的目的就是要让大家找到一种豁然开朗的感觉，并在今后的工作中少犯错误，把工作做得更为顺利，更为得心应手！在“顺其自然”下，金融工程要将政府的资源与市场的资源进行综合配置。我们不仅要将“蛋糕”做得更大，而且要将“蛋糕”分配得更为合理。因此金融工程、经济工程和民生工程也是金融普惠工程，也是扶贫攻坚金融工程！我们写作湖北的金融工程就是要让这些工程像星星之火一样燃遍全国甚至全世界，使其造福于全国甚至全世界人民！

以上这些就是我写作这本书的初衷和愿望。我们不一定都做到了，但是这并不妨碍我们要求自己一如既往地做下去。

叶永刚

2018年2月2日于珞珈山